中学英語で
ペラペラ中国語

CD付
カタカナ発音付

船田　秀佳　著

駿河台出版社

付属のCDには、「PartⅠ 中国語は発音が命」と「PartⅡ 話せる、通じる基本30文型」の例文を収録しています。また、「PartⅢ すぐに使えるイケてる表現集」の例文は別売CD『中学英語でペラペラ中国語 すぐに使えるイケてる表現集』(ISBN978-4-411-03009-2)(本体1500円+税)に収録していますので、そちらもぜひご活用ください。

はじめに

　英語と中国語を対照させて勉強する比較言語学の授業は、学生にとって大変興味のあるもののようです。
　授業を受けた学生の感想をいくつか紹介しましょう。

◆　１年間、英語と中国語の比較言語学の授業を受けて思ったことは、あんなに苦手だった英語が中国語と比較しながら文を作ると以外に簡単だったことである。ちょっと英語の文を書くのが得意になったような気がしたのは嬉しかった。

　英語は中学の頃から学んでいたから一応の親しみはあるけど、いきなり中国語となるとかまえてしまうところがあった。でも、中国語の文と英語の文を比べてみると構造も似ているところがあり、英語も中国語も両方理解できた。英語もわからないままにしてあったことが、中国語と一緒にもう１回学ぶことによって理解できたということもあった。

　英語と中国語を同時に学べば、上達するスピードは早くなるということもわかった。こういう授業ならもっとあっていいと思った。

◆　初めは本当に２つの言語を同時に勉強できるのかどうかとても不安でした。

しかし、勉強していくにつれ中国語に慣れることができ、2つの言語の似ている表現を見つけることができたので、かなり面白く感じることができました。
　中国語を習っていない人でも英語と対照させて考えることができれば、1つの言語のみを習う時よりも分かりやすいのではないでしょうか。これからもこの授業方法を続けて欲しいと思います。

◆　単に中国語だけを学ぶことより、英語と対照させて勉強した方がよりわかりやすいと思います。現に私も理解できなかった中国語の表現を英語ではどう表現するのかと比較してみると、理解できたということがありました。英語と中国語を対照させるという勉強法は、効果的だと思います。

◆　英語と中国語を対照させながら勉強して、私はとてもわかりやすかったです。中国語だけでは理解しにくいことも、英語と対照させることにより理解できたことがたくさんありました。英語と中国語では文法的に似ているところもあったので、対照しながら考えていると理解しやすかったです。

◆　文法は"SVO"型ということもあり、英語に似ていると思われるところもあって、中国語の理解が深まったと思う。また、中国語を学ぶにつれて英語も基礎から勉強することができたし、英語と中国語の文法の違いなども興味深

く、今後も英語または中国語を勉強する時には、その点に注意することができそうです。

◆　英語を日本語以外の外国語と比較させるというのは、はじめてで、とてもいい経験になりました。例えば中国語の"是"が、英語の"be"動詞にあたるなど、英語と対照させることによって、より理解しやすくなった部分もありました。中国語と英語を対照させて勉強するのはとても楽しいし、1つの授業で2カ国語も学べるのはいいなと思いました。

以上の感想から、英語だけまたは中国語だけの授業を受けているよりも学生の視野は広がり、中国語の上達のスピードが早いのは明らかでしょう。

本書は、英語を通して中国語を学ぶという視点から書かれています。多くの例文にふれることによって、英語と中国語を同時に学ぶ面白さを実感してみてください。本書を読み終わる頃には、「21世紀に活躍する日本人には、英語と中国語を身に付けることが大きな力になる」という感想を持たれることと思います。

さらに進んで中国語と英語を学びたいと思われる方は、私の『2週間ですぐに話せる中国語』、『英語がわかれば中国語はできる』（共に、駿河台出版社）、『英語感覚の磨き方』（鷹書房弓プレス）を是非参考にしてください。

また、TOEIC®の文法とリスニングの基本問題にも興味が

ある方は、*10-Minute Grammar Drills for the TOEIC® Test*（英潮社）、*Work Sheets for Compact English Grammar*、*Work Sheets for Compact English Listening*（共に北星堂書店）、*Drills for Listening and Dictation I, II*（鷹書房弓プレス）にチャレンジしてみてください。

　笑いながら英会話を学びたいという方は、ジョーク満載の*Useful Dailogs for Students*（鷹書房弓プレス）がおすすめです。

　いずれも私が書き下ろしたものです。

　なお、本書の出版には、井田洋二代表取締役社長、浅見忠仁さんに大変お世話になりました。心からの感謝の意を述べたいと思います。

　　合掌

　　　　　　　　　　　　　　　　　　　　　　船 田 秀 佳

目　　次

はじめに　3

Part I　中国語は発音が命 …… 11

Part II　話せる、通じる基本30文型 … 29

第1文型　我是黑木瞳《私は黒木ひとみです》 …… 30
第2文型　我不是中国人《私は中国人ではありません》 … 39
第3文型　你是法国人吗? …… 43
　　　　　《あなたはフランス人ですか?》
第4文型　你是美国人还是英国人? …… 47
　　　　　《あなたはアメリカ人ですか、それともイギリス人ですか?》

ワンポイント・アドバイス …… 52

第5文型　这是手表《これは腕時計です》 …… 60
第6文型　这是我的手机《これは私の携帯電話です》 …… 63
第7文型　这本词典是我的《この辞書は私のです》 …… 69
第8文型　杰克在哪儿? …… 73
　　　　　《ジャックはどこにいますか?》
第9文型　最近的银行在哪儿? …… 77
　　　　　《最寄りの銀行はどこですか?》
第10文型　附近有公园吗? …… 82
　　　　　《近くに公園はありますか?》

第11文型	**我有三个孩子**《私には子供が３人います》	… 86
第12文型	**我没有预约**《私は予約していません》	……… 90
第13文型	**你有兄弟姐妹吗？**《あなたは兄弟はいますか？》	94
第14文型	**我喜欢松岛菜奈子**《私は松島菜奈子が好きです》	98
第15文型	**我不喜欢数学**《私は数学が好きではありません》	103
第16文型	**你喜欢卓别林吗？**《あなたはチャップリンが好きですか？》	107
第17文型	**我想去中国**《私は中国へ行きたいです》	……… 111
第18文型	**我会说广东话**《私は広東語を話すことができます》	118
第19文型	**你会滑雪吗？**《あなたはスキーができますか？》	122
第20文型	**我可以抽烟吗？**《タバコを吸ってもいいですか？》	126
第21文型	**你不用给她打电话**《あなたは彼女に電話する必要はありません》	131
第22文型	**我去过北京**《私は北京へ行ったことがあります》	136
第23文型	**你去过埃及吗？**《あなたはエジプトへ行ったことがありますか？》	140
第24文型	**我在打太极拳**《私は太極拳をしています》	…… 144

第25文型	你为什么笑？ ……………………………… 147
	《あなたはなぜ笑っているのですか？》
第26文型	星期日怎么样？《日曜日はどうですか？》 …… 152
第27文型	你认为早安少女组怎么样？ ……………………… 156
	《あなたはモーニング娘をどう思いますか？》
第28文型	请给我一杯葡萄酒《ワインを1杯ください》 … 161
第29文型	我需要你《僕には君が必要なんだ》 …………… 165
第30文型	这个多少钱？《これはいくらですか？》 ……… 169

Part Ⅲ　すぐに使えるイケてる表現集 …… 175

1．あいさつの表現 …… 176
2．紹介の表現 ………… 184
3．相手を知る表現 …… 206
4．感謝の表現 ………… 213
5．おわびの表現 ……… 215
6．祝福の表現 ………… 217
7．曜日・日付の表現 … 219
8．時間の表現 ………… 225
9．思考の表現 ………… 233
10．知覚の表現 ………… 239
11．感情の表現 ………… 241
12．体調の表現 ………… 244
13．要求の表現 ………… 248
14．依頼の表現 ………… 251
15．天候の表現 ………… 254
16．乗り物の表現 ……… 258
17．買い物の表現 ……… 265
18．食事の表現 ………… 269
19．電話の表現 ………… 277
20．困った時の表現 …… 282

Part I

中国語は発音が命

「漢字を使うから中国語なら取っ付きやすいだろう」と思って勉強を始めた人のほとんどが脱落し、中国語難民になってしまう最大の原因は発音練習不足にあります。

英語は個々の発音が多少まずくても、アクセントとリズムがしっかりしていれば案外通じるものです。

ところが中国語は、個々の音と声調の両方を完全にマスターしていないと、全く意思疎通ができません。

ピンインを見たら即座に頭の中で自然に音が流れるまで、何度も何度も繰り返し練習することが必要です。

演劇部の学生たちは、舞台稽古の前には、「あえいうえおあお」「隣の客はよく柿食う客だ」「生米生麦生卵」と声を出して口の筋肉の動きを確認しながら発声のウォーミングアップをしています。

この姿勢は中国語を学ぶ時にも是非取り入れたいものです。毎日、口の筋肉を動かす運動（「口筋体操」とでも命名しておきましょう）を充分してから、中国語の勉強に取り組みましょう。

Ⅰ. 声調とは？

　英語は強勢のある位置によって、語句の意味が区別される《強勢言語》と言われています。英語音声学でよくひきあいに出される例を挙げてみましょう。

⟨1⟩ dárkròom（暗室）: dárk róom（暗い部屋）

⟨2⟩ gréenhouse（温室）: gréen hóuse（緑色の部屋）

⟨3⟩ dáncing gìrl（踊り子）: dáncing gírl（踊っている少女）

⟨4⟩ Whíte Hòuse（大統領官邸）: whíte hóuse（白い家）

　強勢の位置によって語句の意味が違ってしまうことがよく分かりますね。英語を学ぶ時は、この強勢に注意しましょう。
　中国語は声調によって語句の意味が区別される《声調言語》と言われています。
　《声調》とは漢字ごとにある、音の高低変化のことで、基本的には4種類あります。
　中国語を習い始めたら、必ずお目にかかる"ma"《マー》で、声調を見てみましょう。

《4声》	《声の調子》	《例》
第1声	高く平らのまま伸ばす	mā（妈：お母さん）
第2声	急に上昇させる	má（麻：麻）
第3声	出だしは低く抑え徐々に上昇させる	mǎ（马：馬）
第4声	急に下降する	mà（骂：罵る）

♠ 〈a〉の上に付いている［ ‾ ´ ˇ ` ］が声調記号です。

♠ 軽く発音される音には、声調記号は付けられません。次の例で見てみましょう。

māma 《マーマ》：妈妈（お母さん）
bàba 　《パーパ》：爸爸（お父さん）
gēge 　《カーカ》：哥哥（お兄さん）
gèzi 　《カーツ》：个子（背丈）

♠ 単語を見たら、次の図を頭に思い浮かべながら声調の練習をするといいでしょう。

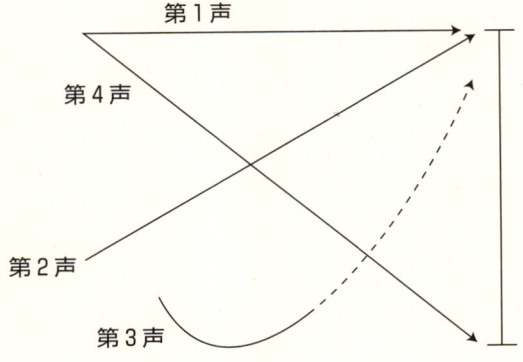

II. 基本7母音

　母音とは声帯を振動させて出す音のことです。唇、歯、舌などの発音器官によってその発音は邪魔されません。

　6つの単母音と1つのそり舌音とを合わせて、基本7母音としておきます。

　まず、CDを聞いて音を確認してください。そのあと何回も発音練習を繰り返してください。日本語のカタカナ音はあくまでも参考にして、生の音がちゃんと出せるようにしましょう。

3　1. 単母音

　a ： 口を大きく開けて《ア》
　o ： 唇を丸めて《オ》
　e ： 唇を左右に引き《エ》の状態で《オ》
　i ： 唇を左右に引き力を入れて《イ》
　u ： 唇を丸めて突き出して《ウ》
　ü ： 唇をすぼめて《ユ》の状態で《イ》

4　2. そり舌音

　er ： 舌をそりあげて《アール》英語の
　　　　"girl" を思い出してください。

ではこれらの音に4種類の声調を添えて練習してみましょう。

(1) ā á ǎ à
(2) ō ó ǒ ò
(3) ē é ě è
(4) ī í ǐ ì
(5) ū ú ǔ ù
(6) ǖ ǘ ǚ ǜ
(7) ēr ér ěr èr

III. 複合母音

複合母音とは単母音が連続しているものです。英語にもありますから、それほど難しいとは感じないでしょう。

二重母音、三重母音を練習してください。

1. 二重母音
(1) ai 《アィ》　(2) ei 《エィ》　(3) ao 《アオ》
(4) ou 《オゥ》　(5) ia 《ィア》　(6) ie 《ィエ》
(7) ua 《ゥア》　(8) uo 《ウォ》　(9) üe 《ュエ》

2. 三重母音
(1) iao 《イァオ》　(2) iou 《イオウ》　(3) uai 《ゥアイ》
(4) uei 《ウェイ》

IV. 鼻母音

鼻母音とは母音のあとに"n"、"ng"を伴ったものです。英語でも"fin"、"finger"の発音の仕方で説明があったと思います。
発音のコツは次の通りです。

♠ "n"：舌先を上の歯茎に押し当てたまま鼻から息を抜く。「案内」の《ン》の感じ。
♠ "ng"：舌は持ち上げないで奥で響かせて鼻から息を抜く。「案外」の《ン》の感じ。

	〈n〉		〈ng〉
(1)	an 《アン》	ang	《アン》
(2)	en 《エン》	eng	《オン》
(3)	ian 《イエン》	iang	《イアン》
(4)	uan 《ウアン》	uang	《ウアン》
(5)	un 《ウン》	ong	《オン》
(6)	ün 《ユン》	iong	《ユン》
(7)	in 《イン》	ing	《イン》
(8)	üan 《ユアン》		

Ⅴ. 子音

　子音とは声帯を振動させて出す音のことです。唇、歯、舌などの発音器官によって、破裂、摩擦、閉鎖などの現象が起きます。

　音節の初めに付く子音は21あります。発音のコツをまず確認してから練習してください。（　　）の音は発音練習のために添えてあります。

♠　〈p, t, k, q, ch, c〉は有気音と呼ばれるものです。発音のコツは、これらの音を出す前に息をためておき、一気に吐き出すことです。

　　英語の"pen"、"time"、"key"の発音を思い出してください。あるいは、ハリー・ポッターの映画で、"Potter"と発音される時に大量の息が吐き出されているのを確認してみてください。

　　中国語では、英語と違って、有気音であるかないかが語の意味を決めてしまいますから、きちんと出せるまで、繰り返し練習してください。

♠　〈zh, ch, sh, r〉はそり舌音です。

　　　　　　＊　　　　＊　　　　＊　　　　＊

b （o）：唇をしっかり閉じた後、無気音の《ポー》
p （o）：唇をしっかり閉じた後、有気音の《ポー》
m （o）：唇をしっかり閉じた後、《モー》
f （o）：上の歯を下唇に押しあてて《フォー》
d （e）：舌先を上の歯茎にあてた後、無気音の《トー》

t (e)：舌先を上の歯茎にあてた後、有気音の《トー》
n (e)：舌先を上の歯茎にあてた後、《ノー》
l (e)：舌先を上の歯茎にあてた後、《ロー》
g (e)：喉の奥に力を入れて無気音の《コー》
k (e)：喉の奥に力を入れて有気音の《コー》
h (e)：息を吐き出すつもりで《ハー》と《ホー》の中間音
j (i)：力を入れて口を左右に引きながら無気音の《チー》
q (i)：力を入れて口を左右に引きながら有気音の《チー》
x (i)：力を入れて口を左右に引きながら《シー》
zh (i)：舌先を上の歯茎の少し奥にあてて無気音の《チー》
ch (i)：舌先を上の歯茎の少し奥にあてて有気音の《チー》
sh (i)：舌先を上の歯茎に近づけて《シー》
r (i)：舌先を上の歯茎に近づけて《リー》
z (i)：舌先を下の歯茎に近づけて《ツー》
c (i)：舌先を下の歯茎に近づけて有気音の《ツー》
s (i)：舌先を下の歯茎に近づけて《スー》

Ⅵ. 声調変化

2つの音節が連続している語や表現は、表記された声調と実際の声調とが異なる場合があります。これは、声調変化が起きるためです。

声調変化の次のルールを覚えておきましょう。

1. 第3声が連続する時

♠ 第3声が連続する語や表現は、前の第3声は第2声として発音されます。

《例》

〈発音表記〉　〈実際の発音〉

(1) Nǐ hǎo　　Ní hǎo　　**你好**（こんにちは）
　　ニー　ハオ　　ニー　ハオ

(2) yǔsǎn　　yúsǎn　　**雨傘**（傘）
　　イーサン　　イーサン

(3) shǒubiǎo　　shóubiǎo　　**手表**（腕時計）
　　ショウピャオ　ショウピャオ

(4) lǐjiě　　líjiě　　**理解**（理解する）
　　リーチエ　　リーチエ

2．"不"〈bù プー〉の声調変化

♠ "不"〈bù プー〉のうしろに第4声が続くと、〈bù プー〉(第4声)は〈bú プー〉(第2声)として発音されます。ただし、第1声、第2声、第3声が続いても変化しません。

《例》

(1) **不　听**
bù　tīng　（聞かない）
プー　ティン

(2) **不　薄**
bù　báo　（薄くない）
プー　パオ

(3) **不　好**
bù　hǎo　（よくない）
プー　ハオ

(4) **不　大**
bú　dà　（大きくない）
プー　ター

(5) **不　去**
bú　qù　（行かない）
プー　チー

3．"一"〈yī イー〉の声調変化

♠ "一"〈yī イー〉のうしろに第4声及び軽声が続くと、〈yī イー〉は〈yí イー〉（第2声）として発音されます。また、第1声、第2声、第3声が続くと、〈yì〉（第4声）として発音されます。

《例》

(1) 一　分
　　yì　fēn　（1分）
　　イー　フェン

(2) 一　年
　　yì　nián　（1年）
　　イー　ニエン

(3) 一　秒
　　yì　miǎo　（1秒）
　　イー　ミャオ

(4) 一　刻
　　yí　kè　（15分間）
　　イー　カー

(5) 一　个
　　yí　ge　（1つ）
　　イー　ガ

Ⅶ. 基礎語彙発音練習

1. 数字

零	⟨líng リン⟩	:	0, zero／oh
一	⟨yī イー⟩	:	1, one
二	⟨èr アー⟩	:	2, two
三	⟨sān サン⟩	:	3, three
四	⟨sì スー⟩	:	4, four
五	⟨wǔ ウー⟩	:	5, five
六	⟨liù リュウ⟩	:	6, six
七	⟨qī チー⟩	:	7, seven
八	⟨bā パー⟩	:	8, eight
九	⟨jiǔ チュウ⟩	:	9, nine
十	⟨shí シー⟩	: 10, ten
十一	⟨shíyī シーイー⟩	: 11, eleven
十二	⟨shí'èr シーアー⟩	: 12, twelve

⋮

一百 〈yìbǎi イーパイ〉
: 100, a [one] hundred

一百一 〈yìbǎiyī イーパイイーイー〉
: 110, a [one] hundred (and) ten

一千 〈yìqiān イーチエン〉
: 1,000, a [one] thousand

⋮

一万 〈yíwàn イーワン〉
: 10,000, ten thousand

⋮

一百万 〈yìbǎiwàn イーパイワン〉
: 1,000,000, a [one] million

⋮

一亿 〈yíyì イーイー〉
: 100,000,000, a [one] hundred million

2. 月

一月	⟨yīyuè イーユエ⟩	:1月,	January
二月	⟨èryuè アーユエ⟩	:2月,	February
三月	⟨sānyuè サンユエ⟩	:3月,	March
四月	⟨sìyuè スーユエ⟩	:4月,	April
五月	⟨wǔyuè ウーユエ⟩	:5月,	May
六月	⟨liùyuè リュウユエ⟩	:6月,	June
七月	⟨qīyuè チーユエ⟩	:7月,	July
八月	⟨bāyuè パーユエ⟩	:8月,	August
九月	⟨jiǔyuè チュウユエ⟩	:9月,	September
十月	⟨shíyuè シーユエ⟩	:10月,	October
十一月	⟨shíyīyuè シーイーユエ⟩	:11月,	November
十二月	⟨shí'èryuè シーアーユエ⟩	:12月,	December

3. 曜日

星期一 〈xīngqīyī シンチーイー〉
　:月曜日, Monday

星期二 〈xīngqī'èr シンチーアー〉
　:火曜日, Tuesday

星期三 〈xīngqīsān シンチーサン〉
　:水曜日, Wednesday

星期四 〈xīngqīsì シンチースー〉
　:木曜日, Thursday

星期五 〈xīngqīwǔ シンチーウー〉
　:金曜日, Friday

星期六 〈xīngqīliù シンチーリュウ〉
　:土曜日, Saturday

星期日 〈xīngqīrì シンチーリー〉
　:日曜日, Sunday

(注) 1.日曜日は "**星期天**"〈xīngqītiān シンチーティエン〉
　　という言い方もあります。
　　2. "**星期**" の代わりに、"**礼拜**"〈lǐbài リーパイ〉と
　　いう言い方もあります。

4．人称代名詞

《1》主格、目的格

	単　数　形		複　数　形	
	中　国　語	英語	中　国　語	英語
一人称	我 〈wǒ：ウォー〉 （私）	I	我们 〈wǒmen：ウォーメン〉 （私たち） 咱们 〈zánmen：ツァンメン〉 （私たち）	we
二人称	你 〈nǐ：ニー〉 （あなた） 您 〈nín：ニン〉 （あなた）	you	你们 〈nǐmen：ニーメン〉 （あなたたち）	you
三人称	他 〈tā：ター〉 （彼） 她 〈tā：ター〉 （彼女） 它 〈tā：ター〉 （それ）	he she it	他们 〈tāmen：ターメン〉 （彼ら） 她们 〈tāmen：ターメン〉 （彼女ら） 它们 〈tāmen：ターメン〉 （それら）	they

（注）1．"咱们"は聞き手を含めた「私たち」を意味します。
　　　2．"您"は"你"の敬称です。
　　　3．"他们"は男女混成の複数形にも用います。
　　　4．"它"、"它们"は人間以外の動物や事柄を指す時に用います。

《2》所有格

中国語		英語	意味
一人称	我 的 〈wǒ de：ウォーダ〉	my	私の
		mine	私のもの
	我们 的 〈wǒmen de：ウォーメンダ〉	our	私たちの
		ours	私たちのもの
二人称	你 的 〈nǐ de：ニーダ〉	your	あなたの
		yours	あなたのもの
	你们 的 〈nǐmen de：ニーメンダ〉	your	あなたたちの
		yours	あなたたちのもの
三人称	他 的 〈tā de：ターダ〉	his	彼の
		his	彼のもの
	他们 的 〈tāmen de：ターメンダ〉	their	彼らの
		theirs	彼らのもの
	她 的 〈tā de：ターダ〉	her	彼女の
		hers	彼女のもの
	她们 的 〈tāmen de：ターメンダ〉	their	彼女たちの
		theirs	彼女たちのもの
	它 的 〈tā de：ターダ〉	it	その
	它们 的 〈tāmen de：ターメンダ〉	their	それらの

(注) 所有格は主格のあとに、構造助詞の"的"〈de ダ〉をつけます。

5．指示代名詞

	近　称	遠　称	疑　問
	話し手からの心理的距離が近い	話し手からの心理的距離が遠い	話し手からの心理的距離が不定
中国語	这 〈zhě：チャー〉	那 〈nà：ナー〉	哪 〈nǎ：ナー〉
英　語	this	that	which
日本語	これ、この	それ、その／あれ、あの	どれ、どの

（注）複数形はそれぞれ、"**这些**"〈zhèxiē：チャーシエ〉、"**那些**"〈nàxiē ナーシエ〉、"**哪些**"〈nǎxiē ナーシエ〉です。

場所を表す指示代名詞の基本的なものは次の通りです。

	近　称	遠　称	疑　問
	話し手からの心理的距離が近い	話し手からの心理的距離が遠い	話し手からの心理的距離が不定
中国語	这儿 〈zhèr：チャー〉 这里 〈zhèli：チャーリ〉	那儿 〈nàr：ナー〉 那里 〈nàli：ナーリ〉	哪儿 〈nǎr：ナー〉 哪里 〈nǎli：ナーリ〉
英　語	here	there	where
日本語	ここ	そこ／あそこ	どこ

Part II

話せる、通じる基本30文型

　会話でよく使われ、また応用範囲の広い文型を30にまとめあげました。まず、この30文型をしっかりと身に付けてください。

　わずか30文型ですが、実に多くのメッセージを伝えることができることに驚かれるでしょう。

　勉強方法としては、まず、チェックポイントを読み、文型の構造を理解してください。

　そのあと30文型すべての例文を最低50回は、音読筆写してください。とにかく反復練習することが大切です。

　確かに中国語の発音は難しいでしょう。しかし、カタカナ発音を参考に付属のCDを最大限に活用して、CDの音に近い音を自分で再生できるようにしっかりと練習してください。

第1文型 我是黒木瞳

《私は黒木ひとみです》

◆ チェックポイント

"我＋是＋A"の文型で、「私はAである」という意味を表します。

"是"〈shì シー〉は、繋辞（けいじ）と呼ばれる連結動詞で、英語の"be"動詞に相当します。

◆ 基本例文解析

我　是　黒木　瞳。
Wǒ　shì　Hēimù　Tóng.
ウォー　シー　ヘイム　トン

I'm Hitomi Kuroki.
私は黒木ひとみです。

我	是	黒木 瞳
I	am	Hitomi Kuroki
私	です	黒木 ひとみ

★ 例文チェック ★

《名前の言い方》

① 我 是 陈 美兰。　　　私は陳美蘭です。
　Wǒ shì Chén Měilán.　　I'm Chen Meilan.
　ウォー シー チェン メイラン

② 我 是 李 彩香。　　　私は李彩香です。
　Wǒ shì Lǐ Cǎixiāng.　　I'm Li Caixiang.
　ウォー シー リー ツァイシャン

★中国人に多い姓は次の通りです。

　张〈Zhāng チャン〉　　金〈Jīn チン〉　　刘〈Liú リュウ〉
　王〈Wáng ワン〉　　　周〈Zhōu チョウ〉　林〈Lín リン〉
　李〈Lǐ リー〉　　　　赵〈Zhào チャオ〉

③ 我 是 森田 五郎。　　私は森田五郎です。
　Wǒ shì Sēntián Wǔláng.　I'm Goro Morita.
　ウォー シー センティエン ウーラン

★日本人に多い姓をいくつか挙げておきますので、発音を確認しましょう。

　青木〈Qīngmù チンムー〉　　安藤〈Ānténg アンタン〉
　伊藤〈Yīténg イータン〉　　小林〈Xiǎolín シャオリン〉
　佐藤〈Zuǒténg ツオタン〉　　铃木〈Língmù リンムー〉
　田中〈Tiánzhōng ティエンチョン〉　高桥〈Gāoqiáo カオチャオ〉
　松本〈Sōngběn ソンペン〉　山田〈Shāntián シャンティエン〉
　渡边〈Dùbiān トゥーピエン〉

④ 我 是 白石 歩美。　　私は白石歩美です。
　Wǒ　shì　Báishí　Bùměi.　I'm Ayumi Shiraishi.
　ウォー シー パイシー プーメイ

⑤ 我 是 黑木 瞳。　　　私は黒木ひとみです。
　Wǒ　shì　Hēimù Tóng.　I'm Hitomi Kuroki.
　ウォー シー ヘイム トン

★最初から漢字の名前の場合は、中国語の発音で読みますが、ひらがなで「ひとみ」という名前の場合は、漢字に直す必要があります。
　もし「仁美」とすれば、発音は、〈Rénměi レンメイ〉となります。つまり、あてる漢字によって、同じひらがな名でも発音は違ってきます。

⑥ 我 是 杉山 真理。　　私は杉山マリです。
　Wǒ　shì　Shānshān　Zhēnlǐ.　I'm Mari Sugiyama.
　ウォー シー シャンシャン チェンリー

★カタカナ名も漢字に直す必要があります。発音が似通った中国語をあてることもありますが、英語名と同じになる場合もあります。「マリ」には"**玛丽**〈Mǎlì マーリー〉"があてられることがありますが、これは、英語の"**Mary**"の訳としても使われています。

⑦ 我 是 宮本 武藏。　　私は宮本武蔵です。
　Wǒ　shì　Gōngběn　Wǔcàng.　I'm Musashi Miyamoto.
　ウォー シー コンペン ウーツァン

⑧ 我 是 佐々木 小次郎。
　Wǒ shì Zuǒzuǒmù xiǎocìláng.
　ウォー シー ツオツオム シャオツーラン

私は佐々木小次郎です。
I'm Kojiro Sasaki.

⑨ 我 是 哈里 波特。
　Wǒ shì Hālǐ Bōtè.
　ウォー シー ハーリー ポーター

私はハリー・ポッターです。
I'm Harry Potter.

★ "Potter" も "Porter" も同じ中国語名になります。

⑩ 我 是 杰克 麦金利。
　Wǒ shì Jiékè Màijīnlì.
　ウォー シー チエカー マイチンリー

私はジャック・マッキンリーです。
I'm Jack McKinley.

⑪ 我 是 约翰 福特。
　Wǒ shì Yuēhàn Fútè.
　ウォー シー ユエハン フーター

私はジョン・フォードです。
I'm John Ford.

⑫ 我 是 玛丽莲 梦露。
　Wǒ shì Mǎlìlián Mènglù.
　ウォー シー マーリーリエン マンルー

私はマリリン・モンローです。
I'm Marilyn Monroe.

⑬ 我 是 阿兰 亚当斯。
　Wǒ shì Ālán Yàdāngsī.
　ウォー シー アーラン ヤータンスー

私はアラン・アダムズです。
I'm Alan Adams.

⑭ 我 是 伊丽莎白 泰勒。
　Wǒ shì Yīlìshābái Tàilè.
　ウォー シー イーリーシャーパイ タイラー

私はエリザベス・テーラーです。
I'm Elizabeth Taylor.

⑮ 我　是　艾伯特
　　Wǒ　shì　Àibótè
　　ウォー シー アイポーター
洛克菲勒。
Luòkèfěilè.
ルオカーフェイラー

私はアルバート・ロックフェラーです。

I'm Albert Rockefeller.

《国籍の言い方》 16

① 我 是 日本人。
Wǒ shì Rìběnrén.
ウォー シー リーペンレン

私は日本人です。
I'm Japanese.

② 我 是 中国人。
Wǒ shì Zhōngguórén.
ウォー シー チョングオレン

私は中国人です。
I'm Chinese.

③ 我 是 韩国人。
Wǒ shì Hánguórén.
ウォー シー ハンクオレン

私は韓国人です。
I'm Korean.

④ 我 是 越南人。
Wǒ shì Yuènánrén.
ウォー シー ユエナンレン

私はベトナム人です。
I'm Vietnamese.

⑤ 我 是 印度人。
Wǒ shì Yìndùrén.
ウォー シー イントゥーレン

私はインド人です。
I'm Indian.

⑥ 我 是 美国人。
Wǒ shì Měiguórén.
ウォー シー メイクオレン

私はアメリカ人です。
I'm American.

⑦ 我 是 英国人。
Wǒ shì Yīngguórén.
ウォー シー インクオレン

私はイギリス人です。
I'm British.

⑧ 我 是 加拿大人。 私はカナダ人です。
Wǒ shì Jiānádàrén. I'm Canadian.
ウォー シー チャーナーターレン

⑨ 我 是 意大利人。 私はイタリア人です。
Wǒ shì Yìdàlìrén. I'm Italian.
ウォー シー イーターリーレン

⑩ 我 是 西班牙人。 私はスペイン人です。
Wǒ shì Xībānyárén. I'm Spanish.
ウォー シー シーパンヤーレン

⑪ 我 是 德国人。 私はドイツ人です。
Wǒ shì Déguórén. I'm German.
ウォー シー タークオレン

⑫ 我 是 法国人。 私はフランス人です。
Wǒ shì Fǎguórén. I'm French.
ウォー シー ファークオレン

⑬ 我 是 俄国人。 私はロシア人です。
Wǒ shì Éguórén. I'm Russian.
ウォー シー アークオレン

⑭ 我 是 匈牙利人。 私はハンガリー人です。
Wǒ shì Xiōngyálìrén. I'm Hungarian.
ウォー シー シュンヤーリーレン

⑮ 我 是 波兰人。 私はポーランド人です。
Wǒ shì Bōlánrén. I'm Polish.
ウォー シー ポーランレン

《職業の言い方》 🎧17

① 我 是 学生。
　Wǒ shì xuésheng.
　ウォー シー シュエシェン

私は学生です。
I'm a student.

② 我 是 大学生。
　Wǒ shì dàxuéshēng.
　ウォー シー ターシュエシェン

私は大学生です。
I'm a college student.

③ 我 是 公司 职员。
　Wǒ shì gōngsī zhíyuán.
　ウォー シー コンスー チーユアン

私はサラリーマンです。
I'm an office worker.

④ 我 是 家庭 妇女。
　Wǒ shì jiātíng fùnǚ.
　ウォー シー チャーティン フーニー

私は主婦です。
I'm a housewife.

⑤ 我 是 医生。
　Wǒ shì yīshēng.
　ウォー シー イーシェン

私は医者です。
I'm a doctor.

⑥ 我 是 护士。
　Wǒ shì hùshi.
　ウォー シー フーシ

私は看護師です。
I'm a nurse.

⑦ 我 是 律师。
　Wǒ shì lǜshī.
　ウォー シー ルーシー

私は弁護士です。
I'm a lawyer.

⑧ 我 是 播音员。
Wǒ shì bōyīnyuán.
ウォー シー ポーインユアン

私はアナウンサーです。
I'm an announcer.

⑨ 我 是 司机。
Wǒ shì sījī.
ウォー シー スーチー

私は運転手です。
I'm a driver.

⑩ 我 是 厨师。
Wǒ shì chúshī.
ウォー シー チューシー

私はコックです。
I'm a cook.

⑪ 我 是 工程师。
Wǒ shì gōngchéngshī.
ウォー シー コンチェンシー

私はエンジニアです。
I'm an engineer.

⑫ 我 是 女服务员。
Wǒ shì nǚfúwùyuán.
ウォー シー ニーフーウーユアン

私はウェイトレスです。
I'm a waitress.

⑬ 我 是 警察。
Wǒ shì jǐngchá.
ウォー シー チンチャー

私は警察官です。
I'm a police officer.

⑭ 我 是 音乐家。
Wǒ shì yīnyuèjiā.
ウォー シー インユエチャー

私は音楽家です。
I'm a musician.

⑮ 我 是 木匠。
Wǒ shì mùjiàng.
ウォー シー ムーチャン

私は大工です。
I'm a carpenter.

第2文型　我不是中国人 🔊18

《私は中国人ではありません》

◆ チェックポイント

"我＋不＋是＋Ａ"の文型で、「私はＡではない」という意味を表します。すなわち、第1文型の否定文です。"不"〈bù プー〉は、本来は第4声ですが、うしろに第4声の"是"〈shì シー〉がきますから、第2声の〈bú プー〉に声調が変化します。

力だめしとして、第1文型の例文を否定文にしてみてください。

◆ 基本例文解析

我　不　是　中国人。
Wǒ　bú　shì　Zhōngguórén.
ウォー　プー　シー　チョングオレン

I'm not Chinese.

私は中国人ではありません。

我	不	是	中国人
I	not	am	Chinese
私	ない	です	中国人

★ 例文チェック ★

① 我 不 是 中国人。
Wǒ bú shì Zhōngguórén.
ウォー プー シー チョングオレン

私は中国人ではありません。
I'm not Chinese.

② 我 不 是 土耳其人。
Wǒ bú shì Tǔ'ěrqírén.
ウォー プー シー トゥーアーチーレン

私はトルコ人ではありません。
I'm not Turkish.

③ 我 不 是 芬兰人。
Wǒ bú shì Fēnlánrén.
ウォー プー シー フエンランレン

私はフィンランド人ではありません。
I'm not Finnish.

④ 我 不 是 以色列人。
Wǒ bú shì Yǐsèlièrén.
ウォー プー シー イーセーリエレン

私はイスラエル人ではありません。
I'm not Israeli.

⑤ 我 不 是 爱尔兰人。
Wǒ bú shì Ài'ěrlánrén.
ウォー プー シー アイアーランレン

私はアイルランド人ではありません。
I'm not Irish.

⑥ 我 不 是 奥地利人。
Wǒ bú shì Àodìlìrén.
ウォー プー シー アオティーリーレン

私はオーストリア人ではありません。
I'm not Austrian.

⑦ 我 不 是 歌手。
Wǒ bú shì gēshǒu.
ウォー プー シー カーショウ

私は歌手ではありません。
I'm not a singer.

⑧ 我 不 是 空姐。
Wǒ bú shì kōngjiě.
ウォー プー シー コンチエ

私はスチュワーデスではありません。
I'm not a flight attendant.

⑨ 我 不 是 诗人。
Wǒ bú shì shīrén.
ウォー プー シー シーレン

私は詩人ではありません。
I'm not a poet.

⑩ 我 不 是 教授。
Wǒ bú shì jiàoshòu.
ウォー プー シー チャオショウ

私は教授ではありません。
I'm not a professor.

⑪ 我 不 是 教员。
Wǒ bú shì jiàoyuán.
ウォー プー シー チャオユアン

私は教師ではありません。
I'm not a teacher.

⑫ 我 不 是 翻译。
Wǒ bú shì fānyì.
ウォー プー シー ファンイー

私は通訳ではありません。
I'm not an interpreter.

⑬ 我 不 是 小野 茂雄。
Wǒ bú shì xiǎoyé Màoxióng.
ウォー プー シー シャオイエ マオシュン

私は小野茂雄ではありません。
I'm not Shigeo Ono.

⑭ 我 不 是 志村 洋子。
Wǒ bú shì Zhìcūn Yángzǐ.
ウォー プー シー チーツン ヤンツ

私は志村洋子ではありません。
I'm not Yoko Shimura.

⑮ **我 不 是 朱莉**
　Wǒ　bú　shì　Zhūlì
　ウォー　プー　シー　チューリー

威尔逊。
Wēi'ěrxùn.
ウェイアーシュン

私はジュリー・ウィルソンではありません。

I'm not Julie Wilson.

第3文型 你是法国人吗? 🔵19

《あなたはフランス人ですか？》

◆ チェックポイント

"你＋是＋Ａ＋吗？"の文型で、「あなたはＡですか？」という意味を表します。

文末に置かれる"吗"〈ma マ〉は、疑問を示す助詞で、軽く発音されます。

答えは、肯定の場合は、"是。"（はい。）／"是，我是法国人。"（はい、私はフランス人です。）、否定の場合は、"不 是。（いいえ。）／"不 是，我 不 是 法国人。"（いいえ、私はフランス人ではありません）のようになります。

◆ 基本例文解析

你 是 法国人 吗？
Nǐ shì Fǎguórén ma ?
ニー シー ファークオレン マ

Are you French ?

あなたはフランス人ですか？

你	是	法国人	吗	?
You	are	French		?
あなた	です	フランス人	か	?

★ 例文チェック ★

① **你 是 中国人 吗?**
Nǐ shì Zhōngguórén ma ?
ニー シー チョングオレン マ

あなたは中国人ですか？
Are you Chinese ?

② **你 是 德国人 吗?**
Nǐ shì Déguórén ma ?
ニー シー タークオレン マ

あなたはドイツ人ですか？
Are you German ?

③ **你 是 俄国人 吗?**
Nǐ shì Éguórén ma ?
ニー シー アークオレン マ

あなたはロシア人ですか？
Are you Russian ?

④ **你 是 葡萄牙人 吗?**
Nǐ shì Pútaóyárén ma ?
ニー シー プータオヤーレン マ

あなたはポルトガル人ですか？
Are you Portuguese ?

⑤ **你 是 澳大利亚人 吗?**
Nǐ shì Aòdàlìyàrén ma ?
ニー シー アオターリーヤーレン マ

あなたはオーストラリア人ですか？
Are you Australian ?

⑥ **你 是 学生 吗?**
Nǐ shì xuésheng ma ?
ニー シー シュエシェン マ

あなたは学生ですか？
Are you a student ?

⑦ **你 是 大学生 吗?**
Nǐ shì dàxuéshēng ma ?
ニー シー ターシュエシェン マ

あなたは大学生ですか？
Are you a college student ?

⑧ **你 是 农民 吗?**
Nǐ shì nóngmín ma?
ニー シー ノンミン マ

あなたは農民ですか？
Are you a farmer?

⑨ **你 是 护士 吗?**
Nǐ shì hùshi ma?
ニー シー フーシ マ

あなたは看護師ですか？
Are you a nurse?

⑩ **你 是 男服务员 吗?**
Nǐ shì nánfúwùyuán ma?
ニー シー ナンフーウーユアン マ

あなたはウェイターですか？
Are you a waiter?

⑪ **你 是 推销员 吗?**
Nǐ shì tuīxiāoyuán ma?
ニー シー トゥイシャオユアン マ

あなたはセールスマンですか？
Are you a salesman?

⑫ **你 是 公司 职员 吗?**
Nǐ shì gōngsī zhíyuán ma?
ニー シー コンスー チーユアン マ

あなたはサラリーマンですか？
Are you an office worker?

⑬ **你 是 格林 先生 吗?**
Nǐ shì Gélín xiānsheng ma?
ニー シー カーリン シエンシェン マ

あなたはグリーンさんですか？
Are you Mr. Green?

★ "先生"〈xiānsheng シエンシェン〉：…さん。男性に対する敬称。

⑭ **你是 克林顿 小姐 吗?**
Nǐ shì Kèlíndùn xiǎojie ma?
ニー シー カーリントゥン シャオチエ マ

あなたはクリントンさんですか？
Are you Miss Clinton?

★ "小姐"〈xiǎojie シャオチエ〉：…さん。未婚女性に対する敬称。既婚女性に対しては、"夫人"〈fūrén フーレン〉を用います。また、"Ms"は、"女士"〈nǚshì ニーシー〉です。

⑮ 你是 小池 美帆 吗?
Nǐ shì Xiǎochí Měifān ma ?
ニー シー シャオチー メイファン マ

あなたは小池美帆さんですか？

Are you Miho Koike ?

第4文型

你是美国人还是英国人? 🔊20

《あなたはアメリカ人ですか、それともイギリス人ですか？》

◇ チェックポイント

"**你＋是＋A＋还是＋B？**" の文型で、「あなたはAですか、それともBですか？」という意味の選択疑問文になります。

"**还是**"〈háishi ハイシー〉は、「それとも、あるいは」の意味で、英語の "**or**" にあたります。

◇ 基本例文解析

你 是 美国人 还是 英国人？

Nǐ　shì　Měiguórén　háishi　Yīngguórén？
ニー　シー　メイクオレン　ハイシー　インクオレン

Are you American or British?

あなたはアメリカ人ですか、それともイギリス人ですか？

你	是	美国人	还是	英国人	？
You	are	American	or	British	?
あなた	です	アメリカ人	それとも	イギリス人	?

★ 例文チェック ★

① 你 是 美国人 还是
Nǐ shì Měiguórén háishi
ニー シー メイクオレン ハイシー
英国人？
Yīngguórén ?
インクオレン

あなたはアメリカ人ですか、それともイギリス人ですか？

Are you American or British ?

---

② 你 是 中国人 还是
Nǐ shì Zhōngguórén háishi
ニー シー チョングオレン ハイシー
韩国人？
Hánguórén ?
ハンクオレン

あなたは中国人ですか、それとも韓国人ですか？

Are you Chinese or Korean ?

---

③ 你 是 法国人 还是
Nǐ shì Fǎguórén háishi
ニー シー ファークオレン ハイシー
德国人？
Déguórén ?
タークオレン

あなたはフランス人ですか、それともドイツ人ですか？

Are you French or German ?

---

④ 你 是 西班牙人 还是
Nǐ shì Xībānyárén háishi
ニー シー シーパンヤーレン ハイシー
意大利人？
Yìdàlìrén ?
イーターリーレン

あなたはスペイン人ですか、それともイタリア人ですか？

Are you Spanish or Italian ?

⑤ 你 是 日本人 还是 中国人？
Nǐ shì Rìběnrén háishi Zhōngguórén?
ニー シー リーペンレン ハイシー チョングオレン

あなたは日本人ですか、それとも中国人ですか？

Are you Japanese or Chinese?

⑥ 你 是 医生 还是 律师？
Nǐ shì yīshēng háishi lǜshī?
ニー シー イーシェン ハイシー ルーシー

あなたは医者ですか、それとも弁護士ですか？

Are you a doctor or a lawyer?

⑦ 你 是 高中 学生 还是 初中 学生？
Nǐ shì gāozhōng xuésheng háishi chūzhōng xuésheng?
ニー シー カオチョン シュエシェン ハイシー チューチョン シュエシェン

あなたは高校生ですか、それとも中学生ですか？

Are you a senior high school student or a junior high school student?

⑧ 你 是 大学生 还是 小学生？
Nǐ shì dàxuéshēng háishi xiǎoxuéshēng?
ニー シー ターシュエシェン ハイシー シャオシュエシェン

あなたは大学生ですか、それとも小学生ですか？

Are you a college student or an elementary school pupil?

⑨ **你 是 音乐家 还是 诗人?**
Nǐ shì yīnyuèjiā háishi shīrén?
ニー シー インユエチャー ハイシー シーレン

あなたは音楽家ですか、それとも詩人ですか？

Are you a musician or a poet?

---

⑩ **你 是 翻译 还是 翻译家?**
Nǐ shì fānyì háishi fānyìjiā?
ニー シー ファンイー ハイシー ファンイーチャー

あなたは通訳ですか、それとも翻訳家ですか？

Are you an interpreter or a translator?

---

⑪ **你 是 二郎 还是 三郎?**
Nǐ shì Èrláng háishi Sānláng?
ニー シー アーラン ハイシー サンラン

あなたは二郎ですか、それとも三郎ですか？

Are you Jiro or Saburo?

---

⑫ **你 是 杰克 还是 亨利?**
Nǐ shì Jiékè háishi Hēnglì?
ニー シー チエカー ハイシー ヘンリー

あなたはジャックですか、それともヘンリーですか？

Are you Jack or Henry?

⑬ **你是 简 还是 格雷丝?**
Nǐ shì Jiǎn háishi Géléisī ?
ニー シー チエン ハイシー カーレイースー

あなたはジェーンですか、それともグレースですか？

Are you Jane or Grace ?

---

⑭ **你 是 真理 还是**
Nǐ shì Zhēnlǐ háishi
ニー シー チェンリー ハイシー

真理子?
Zhēnlǐzǐ ?
チェンリーツ

あなたは真理ですか、それとも真理子ですか？

Are you Mari or Mariko ?

---

⑮ **你 是 二十 岁 还是**
Nǐ shì èrshí suì háishi
ニー シー アーシー スイ ハイシー

二十五 岁?
èrshiwǔ suì ?
アーシーウー スイ

あなたは20歳ですか、それとも25歳ですか？

Are you twenty years old or twenty-five years old ?

★ "岁" 〈suì スイ〉：歳。

ワンポイント・アドバイス

これまでは、主語を"**我**"と"**你**"に限定して、"**是**"の用法を勉強してきましたが、主語の人称や数が代わっても、"**是**"自体が変化することはもちろんありません。

この点は、英語よりも中国語の方がやさしいと言えます。

では、ここで、主語を代えた例文をまとめて見ておくことにしましょう。

21

① 我们 是 日本人。
Wǒmen shì Rìběnrén.
ウォーメン シー リーペンレン

私たちは日本人です。
We're Japanese.

★ "我们"〈wǒmen ウォーメン〉：私たち。"我"の複数形で、英語の"we"にあたります。

② 我们 不 是 中国人。
Wǒmen bú shì Zhōngguórén.
ウォーメン プー シー チョングオレン

私たちは中国人ではありません。
We're not Chinese.

③ 我们 是 学生。
Wǒmen shì xuésheng.
ウォーメン シー シュエシェン

私たちは学生です。
We're students.

④ 我们 不 是 歌手。
Wǒmen bú shì gēshǒu.
ウォーメン プー シー カーショウ

私たちは歌手ではありません。
We're not singers.

⑤ **你们 是 越南人 吗？**
Nǐmen shì Yuènánrén ma ?
ニーメン シー ユエナンレン マ

あなたたちはベトナム人ですか？

Are you Vietnamese ?

★ "你们"〈nǐmen ニーメン〉：あなたたち。"你"の複数形で、英語の"you"にあたります。

⑥ **他 是 美国人。**
Tā shì Měiguórén.
ター シー メイクオレン

彼はアメリカ人です。

He's American.

★ "他"〈tā ター〉：彼。英語の"he"にあたります。

⑦ **他 是 医生。**
Tā shì yīshēng.
ター シー イーシェン

彼は医者です。

He's a doctor.

⑧ **他 是 藤田 茶太郎。**
Tā shì Téngtián Chátàiláng.
ター シー タンティエン チャータイラン

彼は藤田茶太郎です。

He's Chataro Fujita.

⑨ **他 不 是 法国人。**
Tā bú shì Fǎguórén.
ター プー シー ファークオレン

彼はフランス人ではありません。

He's not French.

⑩ **他 不 是 律师。**
Tā bú shì lǜshī.
ター プー シー ルーシー

彼は弁護士ではありません。

He's not a lawyer.

⑪ 他 是 德国人 吗?
Tā shì Déguórén ma?
ター シー タークオレン マ

彼はドイツ人ですか？
Is he German?

⑫ 他 是 农民 吗?
Tā shì nóngmín ma?
ター シー ノンミン マ

彼は農民ですか？
Is he a farmer?

⑬ 她 是 挪威人。
Tā shì Nuówēirén.
ター シー ヌオウェイレン

彼女はノルウェー人です。
She's Norwegian.

★ "她"〈tā ター〉：彼女。英語の "she" にあたります。発音は "他" と同じです。

⑭ 她 是 大学生。
Tā shì dàxuéshēng.
ター シー ターシュエシェン

彼女は大学生です。
She's a college student.

⑮ 她 是 松岛 菜奈子。
Tā shì Sōngdǎo Càinàizǐ.
ター シー ソンタオ ツァイナイツ

彼女は松島菜奈子です。
She's Nanako Matsushima.

⑯ 她 不 是 意大利人。
Tā bú shì Yìdàlìrén.
ター プー シー イーターリーレン

彼女はイタリア人ではありません。
She's not Italian.

⑰ 她 不 是 护士。
Tā bú shì hùshi.
ター プー シー フーシ

彼女は看護師ではありません。
She's not a nurse.

⑱ 她 是 伦敦人 吗？
Tā shì Lúndūnrén ma?
ター シー ルントゥンレン マ

彼女はロンドンっ子ですか？
Is she a Londoner?

⑲ 她 是 女演员 吗？
Tā shì nǚyǎnyuán ma?
ター シー ニーイエンユアン マ

彼女は女優ですか？
Is she an actress?

⑳ 他们 是 西班牙人。
Tāmen shì Xībānyárén.
ターメン シー シーパンヤーレン

彼らはスペイン人です。
They're Spanish.

★ "他们"〈tāmen ターメン〉: 彼ら。"他"の複数形です。ただし、男女混成の場合にも使われます。

㉑ 他们 是 新闻 记者。
Tāmen shì xīnwén jìzhě.
ターメン シー シンウェン チーチャー

彼らはジャーナリストです。
They're journalists.

㉒ 他们 不 是 俄国人。
Tāmen bú shì Éguórén.
ターメン プー シー アークオレン

彼らはロシア人ではありません。
They're not Russian.

㉓ 他们 不 是 工程师。
Tāmen bú shì gōngchéngshī.
ターメン プー シー コンチェンシー

彼らはエンジニアではありません。
They're not engineers.

㉔ 他们 是 韩国人 吗？
Tāmen shì Hánguórén ma?
ターメン シー ハンクオレン マ

彼らは韓国人ですか？
Are they Korean?

㉕ 他们 是 厨师 吗?
Tāmen shì chúshī ma?
ターメン シー チューシー マ

彼らはコックですか？
Are they cooks?

㉖ 她们 是 加拿大人。
Tāmen shì Jiānádàrén.
ターメン シー チャーナーターレン

彼女たちはカナダ人です。
They're Canadian.

★ "她们"〈tāmen ターメン〉：彼女たち。"她"の複数形で、英語の"they"にあたります。発音は"他们"と同じです。

㉗ 她们 是 空姐。
Tāmen shì kōngjiě.
ターメン シー コンチエ

彼女たちはスチュワーデスです。
They're flight attendants.

㉘ 她们 不 是 印度人。
Tāmen bú shì Yìndùrén.
ターメン プー シー イントゥーレン

彼女たちはインド人ではありません。
They're not Indian.

㉙ 她们 不 是 播音员。
Tāmen bú shì bōyīnyuán.
ターメン プー シー ポーインユアン

彼女たちはアナウンサーではありません。
They're not announcers.

㉚ 她们 是 葡萄牙人 吗?
Tāmen shì Pútáoyárén ma?
ターメン シー プータオヤーレン マ

彼女たちはポルトガル人ですか？
Are they Portuguese?

㉛ 她们 是 学生 吗?
Tāmen shì xuésheng ma?
ターメン シー シュエシェン マ

彼女たちは学生ですか？
Are they students?

㉜ 他 是 日本人 还是 中国人?
Tā shì Rìběnrén háishi Zhōngguórén?
ター シー リーペンレン ハイシー チョングオレン

彼は日本人ですか、それとも中国人ですか？

Is he Japanese or Chinese?

㉝ 他 是 杰克 还是 约翰?
Tā shì Jiékè háishi Yuēhàn?
ター シー チエカー ハイシー ユエハン

彼はジャックですか、それともジョンですか？

Is he Jack or John?

㉞ 她 是 歌手 还是 女演员?
Tā shì gēshǒu háishi nǚyǎnyuán?
ター シー カーショウ ハイシー ニーイエンユアン

彼女は歌手ですか、それとも女優ですか？

Is she a singer or an actress?

㉟ 她 是 夏子 还是 京子?
Tā shì Xiàzǐ háishi Jīngzǐ?
ター シー シャーツ ハイシー チンツ

彼女は夏子ですか、それとも京子ですか？

Is she Natsuko or Kyoko?

㊱ **他们 是 法国人 还是 英国人？**
Tāmen shì Fǎguórén háishi Yīngguórén?
ターメン シー ファークオレン ハイシー インクオレン

彼らはフランス人ですか、それともイギリス人ですか？

Are they French or British?

㊲ **他们 是 警察 还是 警卫员？**
Tāmen shì jǐngchá háishi jǐngwèiyuán?
ターメン シー チンチャー ハイシー チンウェイユアン

彼らは警察官ですか、それともガードマンですか？

Are they police officers or security guards?

㊳ **她们 是 韩国人 还是 中国人？**
Tāmen shì Hánguórén háishi Zhōngguórén?
ターメン シー ハンクオレン ハイシー チョングオレン

彼女たちは韓国人ですか、それとも中国人ですか？

Are they Korean or Chinese?

㊴ **她们 是 学生 还是 教员？**
Tāmen shì xuésheng háishi jiàoyuán?
ターメン シー シュエシェン ハイシー チャオユアン

彼女たちは学生ですか、それとも先生ですか？

Are they students or teachers?

㊵ 她们 是　 大学生
Tāmen shì　dàxuéshēng
ターメン シー ターシュエシェン
**　还是　　小学生？**
　háishi　xiǎoxuéshēng ?
　ハイシー シャオシュエシェン

彼女たちは大学生ですか、それとも小学生ですか？

Are they college students or elementary school pupils ?

第5文型　这是手表 🎵23

《これは腕時計です》

◆ チェックポイント

"这＋是＋A"の文型で、「これはAである」という意味を表します。

"这"〈zhè チャー〉は、話し手からの心理的距離が近いことを示す指示代名詞で、英語の"this"にあたります。また、"那"〈nà ナー〉は、話し手からの心理的距離が遠いことを示す指示代名詞で、英語の"that"にあたります。

◆ 基本例文解析

这　是　手表。
Zhè　shì　shǒubiǎo.
チャー　シー　ショウピャオ

This is a watch.
これは腕時計です。

这	是		手表
This	is	a	watch
これ	です		腕時計

★ 例文チェック ★

① 这 是 手表。
Zhè shì shǒubiǎo.
チャー シー ショウピャオ

これは腕時計です。
This is a watch.

② 这 是 雨伞。
Zhè shì yǔsǎn.
チャー シー イーサン

これは傘です。
This is an umbrella.

③ 这 是 键盘。
Zhè shì jiànpán.
チャー シー チエンパン

これはキーボードです。
This is a keyboard.

④ 这 是 文字处理机。
Zhè shì wénzìchǔlǐjī.
チャー シー ウェンツーチューリーチー

これはワープロです。
This is a word processor.

⑤ 这 是 词典。
Zhè shì cídiǎn.
チャー シー ツーティエン

これは辞書です。
This is a dictionary.

⑥ 这 是 桌子。
Zhè shì zhuōzi.
チャー シー チュオーツ

これはテーブルです。
This is a table.

⑦ 这 是 杰克。
Zhè shì Jiékè.
チャー シー チエカー

こちらがジャックです。
This is Jack.

★人を紹介する時にも使うことができます。

⑧ 这 是 什么?
Zhè shì shénme?
チャー シー シェンマ

これは何ですか？
What's this?

★ "什么"〈shénme シェンマ〉：何。疑問代名詞です。

⑨ 那 是 餐馆。
Nà shì cānguǎn.
ナー シー ツァンクアン

あれはレストランです。
That's a restaurant.

⑩ 那 是 图书馆。
Nà shì túshūguǎn.
ナー シー トゥーシュークアン

あれは図書館です。
That's a library.

⑪ 那 是 照相机。
Nà shì zhàoxiàngjī.
ナー シー チャオシャンチー

あれはカメラです。
That's a camera.

⑫ 那 是 乌龙茶。
Nà shì wūlóngchá.
ナー シー ウーロンチャー

あれはウーロン茶です。
That's oolong tea.

⑬ 那 是 录音机。
Nà shì lùyīnjī.
ナー シー ルーインチー

あれはテープレコーダーです。
That's a tape recorder.

⑭ 那 是 张 先生。
Nà shì Zhāng xiānsheng.
ナー シー チャン シエンシェン

あちらが張さんです。
That's Mr. Zhang.

⑮ 那 是 什么?
Nà shì shénme?
ナー シー シェンマ

あれは何ですか？
What's that?

第6文型 这是我的手机 🔊24

《これは私の携帯電話です》

◆ チェックポイント

"这＋是＋我＋的＋A" の文型で、「これは私のAである」という意味を表します。

"的"〈de ダ〉は、所有格を作る働きをする構造助詞です。

力だめしとして、"我" の代わりに、"你"、"他"、"她"、"我们"、"你们"、"他们"、"她们"、人名を入れて作文してみて下さい。

◆ 基本例文解析

这 是 我 的 手机。
Zhè shì wǒ de shǒujī.
チャー シー ウォー ダ ショウチー

This is my cell phone.
これは私の携帯電話です。

这	是	我 的	手机
This	is	my	cell phone
これ	です	私の	携帯電話

★ 例文チェック ★

① 这是我的手机。
Zhè shì wǒ de shǒujī.
チャー シー ウォー ダ ショウチー

これは私の携帯電話です。
This is my cell phone.

② 这是我的手提箱。
Zhè shì wǒ de shǒutíxiāng.
チャー シー ウォー ダ ショウティーシャン

これは私のスーツケースです。
This is my suitcase.

③ 这是我的自行车。
Zhè shì wǒ de zìxíngchē.
チャー シー ウォー ダ ツーシンチャー

これは私の自転車です。
This is my bicycle.

④ 这是我的护照。
Zhè shì wǒ de hùzhào.
チャー シー ウォー ダ フーチャオ

これは私のパスポートです。
This is my passport.

⑤ 这是我的中日词典。
Zhè shì wǒ de Zhōng-Rì cídiǎn.
チャー シー ウォー ダ チョンリー ツーティエン

これは私の中日辞典です。
This is my Chinese-Japanese dictionary.

⑥ 这是我的钢笔。
Zhè shì wǒ de gānbǐ.
チャー シー ウォー ダ カンピー

これは私のペンです。
This is my pen.

⑦ 这 是 我 的椅子。　　これは私の椅子です。
　Zhè shì wǒ de yǐzi.　　This is my chair.
　チャー シー ウォー ダ イーツ

⑧ 这 是 我 的　　これは私のCDです。
　Zhè shì wǒ de　　This is my CD.
　チャー シー ウォー ダ

　激光唱片。
　jīguāngchàngpiàn.
　チークワンチャンピエン

⑨ 这 是 我 的帽子。　　これは私の帽子です。
　Zhè shì wǒ de màozi.　　This is my hat.
　チャー シー ウォー ダ マオツ

⑩ 这 是 我 的 汽车。　　これは私の車です。
　Zhè shì wǒ de qìchē.　　This is my car.
　チャー シー ウォー ダ チーチャー

⑪ 这 是 谁 的?　　これは誰のものですか？
　Zhè shì shéi de ?　　Whose is this ?
　チャー シー シェイ ダ

★ "谁的"〈shéi de シェイ ダ〉：誰の、誰のもの。

⑫ 这 是 谁 的 橡皮?　　これは誰の消しゴムですか？
　Zhè shì shéi de xiàngpí ?　　Whose eraser is this ?
　チャー シー シェイ ダ シャンピー

⑬ 那 是 我 的 小刀。　　あれは私のナイフです。
　Nà shì wǒ de xiǎodāo.　　That's my knife.
　ナー シー ウォー ダ シャオタオ

⑭ 那 是 我 的 毛衣。
Nà shì wǒ de máoyī.
ナー シー ウォー ダ マオイー

あれは私のセーターです。
That's my sweater.

⑮ 那 是 我 的 T恤衫。
Nà shì wǒ de tīxùshān.
ナー シー ウォー ダ ティーシーシャン

あれは私のTシャツです。
That's my T-shirt.

⑯ 那 是 我 的 尺。
Nà shì wǒ de chǐ.
ナー シー ウォー ダ チー

あれは私の定規です。
That's my ruler.

⑰ 那 是 谁 的?
Nà shì shéi de?
ナー シー シェイ ダ

あれは誰のものですか?
Whose is that?

⑱ 那 是 谁 的 订书机?
Nà shì shéi de dìngshūjī?
ナー シー シェイ ダ ティンシューチー

あれは誰のホチキスですか?
Whose stapler is that?

⑲ 这 是 我 妈妈。
Zhè shì wǒ māma.
チャー シー ウォー マーマ

こちらが私の母です。
This is my mother.

★うしろに続く語句が親族関係や所属関係などを示す時は、"的"は省略されることがあります。

⑳ 这 是 我 爸爸。
Zhè shì wǒ bàba.
チャー シー ウォー パーパ

こちらが私の父です。
This is my father.

㉑ 这 是 我 哥哥。 こちらが私の兄です。
　　Zhè shì wǒ gēge. This is my older brother.
　　チャー シー ウォー カーカ

㉒ 这 是 我 弟弟。 こちらが私の弟です。
　　Zhè shì wǒ dìdi. This is my younger brother.
　　チャー シー ウォー ティーティ

㉓ 这 是 我 姐姐。 こちらが私の姉です。
　　Zhè shì wǒ jiějie. This is my older sister.
　　チャー シー ウォー チエチェ

㉔ 这 是 我 妹妹。 こちらが私の妹です。
　　Zhè shì wǒ mèimei. This is my younger sister.
　　チャー シー ウォー メイメイ

㉕ 那 是 我 妻子。 あちらが私の妻です。
　　Nà shì wǒ qīzi. That's my wife.
　　ナー シー ウォー チーツ

㉖ 那 是 我 女儿。 あちらが私の娘です。
　　Nà shì wǒ nǚ'ér. That's my daughter.
　　ナー シー ウォー ニーアー

㉗ 那 是 我 儿子。 あちらが私の息子です。
　　Nà shì wǒ érzi. That's my son.
　　ナー シー ウォー アーツ

㉘ 那 是 我 的 朋友。 あちらが私の友達です。
　　Nà shì wǒ de péngyou. That's a friend of mine.
　　ナー シー ウォー ダ パンヨウ

㉙ **那 是 我 的 男朋友。**
Nà shì wǒ de nánpéngyou.
ナー シー ウォー ダ ナンパンヨウ

あちらが私のボーイフレンドです。

That's my boyfriend.

㉚ **那 是 我 的 女朋友。**
Nà shì wǒ de nǚpéngyou.
ナー シー ウォー ダ ニーパンヨウ

あちらが私のガールフレンドです。

That's my girlfriend.

第7文型　这本词典是我的

《この辞書は私のです》

◆ チェックポイント

"**这＋量詞＋A＋是＋我＋的**"の文型で、「このAは私の（もの）です」という意味を表します。

量詞とは、日本語の助数詞にあたるもので、「本3冊」の「冊」のことです。

中国語は英語や日本語とは違って、「この（その）」のあとにむきだしの名詞（句）を従えないで、量詞が必要です。

よく使われる量詞は、まとめて覚えましょう。

◆ 基本例文解析

这　　本　　词典　　是　　我　的。
Zhè　běn　cídiǎn　shì　wǒ　de.
チャー　ペン　ツーティエン　シー　ウォー　ダ

This dictionary is mine.

この辞書は私のです。

这	本	词典	是	我的
This		dictionary	is	mine
この		辞書	です	私のもの

★ 例文チェック ★

① **这 本 词典 是 我的。**
Zhè běn cídiǎn shì wǒ de.
チャー ペン ツーティエン シー ウォー ダ

この辞書は私のです。
This dictionary is mine.

★ "本"〈běn ペン〉：書籍類を表す量詞です。

② **这 本 书 是 我的。**
Zhè běn shū shì wǒ de.
チャー ペン シュー シー ウォー ダ

この本は私のです。
This book is mine.

③ **这 本 杂志 是 我的。**
Zhè běn zázhì shì wǒ de.
チャー ペン ツァーチー シー ウォー ダ

この雑誌は私のです。
This magazine is mine.

④ **这 架 收音机 是 我的。**
Zhè jià shōuyīnjī shì wǒ de.
チャー チャー ショウインチー シー ウォー ダ

このラジオは私のです。
This radio is mine.

★ "架"〈jià チャー〉：機械類を表す量詞です。

⑤ **这 架 照相机 是 我的。**
Zhè jià zhàoxiàngjī shì wǒ de.
チャー チャー チャオシャンチー シー ウォー ダ

このカメラは私のです。
This camera is mine.

⑥ 这 把 雨伞 是 我 的。　この傘は私のです。
　Zhè bǎ yǔsǎn shì wǒ de.　This umbrella is mine.
　チャー パー イーサン シー ウォー ダ

★ "把"〈bǎ パー〉：握り部分のある物を表す量詞です。

⑦ 这 把 椅子 是 我 的。　この椅子は私のです。
　Zhè bǎ yǐzi shì wǒ de.　This chair is mine.
　チャー パー イーツ シー ウォー ダ

⑧ 这 辆 自行车 是　　　この自転車は私のです。
　Zhè liàng zìxíngchē shì　This bicycle is mine.
　チャー リャン ツーシンチャー シー
　我 的。
　wǒ de.
　ウォー ダ

★ "辆"〈liàng リャン〉：乗り物を表す量詞です。

⑨ 这 辆 汽车 是 我 的。　この車は私のです。
　Zhè liàng qìchē shì wǒ de.　This car is mine.
　チャー リャン チーチャー シー ウォー ダ

⑩ 这 张 地图 是 我 的。　この地図は私のです。
　Zhè zhāng dìtú shì wǒ de.　This map is mine.
　チャー チャン ティートゥー シー ウォー ダ

★ "张"〈zhāng チャン〉：平らな平面をもつ物を表す量詞です。

⑪ 这 顶 帽子 是 我 的。　この帽子は私のです。
　Zhè dǐng màozi shì wǒ de.　This hat is mine.
　チャー ティン マオツ シー ウォー ダ

★ "顶"〈dǐng ティン〉：てっぺんのある物を表す量詞です。

⑫ 这 件 雨衣 是 我 的。
Zhè jiàn yǔyī shì wǒ de.
チャー チエン イーイー シー ウォー ダ

このレインコートは私のです。

This raincoat is mine.

★ "件"〈jiàn チエン〉：衣服類を表す量詞です。

⑬ 这 件 背心 是 我 的。
Zhè jiàn bèixīn shì wǒ de.
チャー チエン ペイシン シー ウォー ダ

このベストは私のです。

This vest is mine.

⑭ 这 只 猫 是 我 的。
Zhè zhī māo shì wǒ de.
チャー チー マオ シー ウォー ダ

この猫は私のです。

This cat is mine.

★ "只"〈zhī チー〉：動物や対になった物の一方を表す量詞です。ただし、牛や驢馬には、"头"〈tóu トウ〉、馬には、"匹"〈pǐ ピー〉を用います。

⑮ 这 条 领带 是 我 的。
Zhè tiáo lǐngdài shì wǒ de.
チャー ティャオ リンタイ シー ウォー ダ

このネクタイは私のです。

This tie is mine.

★ "条"〈tiáo ティャオ〉：狭くて細長い物を表す量詞です。

第8文型

杰克在哪儿？ 🎵26

《ジャックはどこにいますか？》

◇ チェックポイント

"A＋在＋哪儿？"の文型で、「Aはどこにいます（あります）か？」という意味を表します。

"在"〈zài ツァイ〉は「いる、ある」という意味の動詞です。日本語の「内在」「在位」「在宅」などの言い方でおなじみですね。

"哪儿"〈nǎr ナー〉は、話し手からの距離が不定であることを示す疑問代名詞で、英語の"where"にあたります。

◇ 基本例文解析

杰克　在　哪儿？
Jiékè　zài　nǎr？
チエカー　ツァイ　ナー

Where is Jack?

ジャックはどこにいますか？

杰克	在	哪儿	？
Jack	is	where	?
ジャック	います	どこに	?

★ 例文チェック ★

① 你 在 哪儿?
Nǐ zài nǎr?
ニー ツァイ ナー

どこにいるの?
Where are you?

② 她 在 哪儿?
Tā zài nǎr?
ター ツァイ ナー

彼女はどこにいますか?
Where is she?

③ 他们 在 哪儿?
Tāmen zài nǎr?
ターメン ツァイ ナー

彼らはどこにいますか?
Where are they?

④ 你 爸爸 在 哪儿?
Nǐ bàba zài nǎr?
ニー パーパ ツァイ ナー

お父さんはどこにいますか?
Where is your father?

⑤ 你 妈妈 在 哪儿?
Nǐ māma zài nǎr?
ニー マーマ ツァイ ナー

お母さんはどこにいますか?
Where is your mother?

⑥ 杰克 在 哪儿?
Jiékè zài nǎr?
チエカー ツァイ ナー

ジャックはどこにいますか?
Where is Jack?

⑦ 鞋店 在 哪儿?
Xiédiàn zài nǎr?
シエティエン ツァイ ナー

靴屋はどこにありますか?
Where is the shoe store?

| ⑧ | 玩具店　　在 哪儿？
Wánjùdiàn　　zài　nǎr?
ワンチューティエン ツァイ ナー | おもちゃ屋はどこにあります
か？
Where is the toy store? |

| ⑨ | 百货商店　　在 哪儿？
Bǎihuòshāngdiàn　zài　nǎr?
パイフオシャンティエン ツァイ ナー | デパートはどこにあります
か？
Where is the department store? |

| ⑩ | 文具店　　在 哪儿？
Wénjùdiàn　　zài　nǎr?
ウェンチューティエン ツァイ ナー | 文房具店はどこにあります
か？
Where is the stationery store? |

| ⑪ | 咖啡店　　在 哪儿？
Kāfēidiàn　　zài　nǎr?
カーフェイティエン ツァイ ナー | 喫茶店はどこにありますか？
Where is the coffee shop? |

| ⑫ | 书店　　在 哪儿？
Shūdiàn　　zài　nǎr?
シューティエン ツァイ ナー | 本屋はどこにありますか？
Where is the bookstore? |

| ⑬ | 药店　在 哪儿？
Yàodiàn　zài　nǎr?
ヤオティエン ツァイ ナー | ドラッグストアはどこにあ
りますか？
Where is the drugstore? |

| ⑭ | 五金商店　　在 哪儿？
Wǔjīnshāngdiàn　zài　nǎr?
ウーチンシャンティエン ツァイ ナー | 金物屋はどこにありますか？
Where is the hardware store? |

⑮ 理发店　在 哪儿？　床屋はどこにありますか？
　　Lǐfàdiàn　　zài　nǎr ?　Where is the barbershop ?
　リーファーティエン ツァイ ナー

第9文型　最近的银行在哪儿？ 🔊27
《最寄りの銀行はどこですか？》

◇ **チェックポイント**

"**最近＋的＋A＋在＋哪儿？**"の文型で、「最寄りのAはどこですか？」という意味を表します。"**最近**"〈zuìjìn ツイチン〉は英語の"**the nearest**"にあたります。また、"**的**"は第6文型で出てきた構造助詞です。

◇ **基本例文解析**

最近 的 银行　在　哪儿？
Zuìjìn　de　yínháng　zài　nǎr？
ツイチン　ダ　インハン　ツァイ　ナー

Where is the nearest bank?

最寄りの銀行はどこですか？

最近 的	银行	在	哪儿	?
The nearest	bank	is	where	?
最寄りの	銀行	あります	どこに	?

★ 例文チェック ★

① 最近 的 银行 在 哪儿？
Zuìjìn de yínháng zài nǎr?
ツイチン ダ インハン ツァイ ナー

最寄りの銀行はどこですか？
Where is the nearest bank?

② 最近 的 旅行社 在 哪儿？
Zuìjìn de lǚxíngshè zài nǎr?
ツイチン ダ ルーシンシャー ツァイ ナー

最寄りの旅行社はどこですか？
Where is the nearest travel agency?

③ 最近 的 医院 在 哪儿？
Zuìjìn de yīyuàn zài nǎr?
ツイチン ダ イーユアン ツァイ ナー

最寄りの病院はどこですか？
Where is the nearest hospital?

④ 最近 的 公安局 在 哪儿？
Zuìjìn de gōng'ānjú zài nǎr?
ツイチン ダ コンアンチュー ツァイ ナー

最寄りの警察署はどこですか？
Where is the nearest police station?

⑤ **最近 的　地铁站**
　Zuìjìn de　dìtiězhàn
　ツイチン ダ ティーティエチャン
　在 哪儿?
　zài　nǎr ?
　ツァイ ナー

最寄りの地下鉄の駅はどこですか？

Where is the nearest subway station ?

⑥ **最近 的　古董店**
　Zuìjìn de　gǔdǒngdiàn
　ツイチン ダ クートンティエン
　在 哪儿?
　zài　nǎr ?
　ツァイ ナー

最寄りの骨董品店はどこですか？

Where is the nearest antique shop ?

⑦ **最近 的　博物馆**
　Zuìjìn de　bówùguǎn
　ツイチン ダ ポーウークアン
　在 哪儿?
　zài　nǎr ?
　ツァイ ナー

最寄りの博物館はどこにありますか？

Where is the nearest museum ?

⑧ **最近 的　美术馆**
　Zuìjìn de　měishùguǎn
　ツイチン ダ メイシュークアン
　在 哪儿?
　zài　nǎr ?
　ツァイ ナー

最寄りの美術館はどこですか？

Where is the nearest art gallery ?

⑨ **最近 的 邮局**
Zuìjìn de yóujú
ツイチン ダ ヨウチュー
在 哪儿?
zài nǎr ?
ツァイ ナー

最寄りの郵便局はどこですか？

Where is the nearest post office ?

---

⑩ **最近 的 美容院**
Zuìjìn de měiróngyuàn
ツイチン ダ メイロンユアン
在 哪儿?
zài nǎr ?
ツァイ ナー

最寄りの美容院はどこですか？

Where is the nearest beauty parlor ?

---

⑪ **最近 的 面包店**
Zuìjìn de miànbāodiàn
ツイチン ダ ミエンパオティエン
在 哪儿?
zài nǎr ?
ツァイ ナー

最寄りのパン屋はどこですか？

Where is the nearest bakery ?

---

⑫ **最近 的 蔬菜店**
Zuìjìn de shūcàidiàn
ツイチン ダ シューツァイティエン
在 哪儿?
zài nǎr ?
ツァイ ナー

最寄りの八百屋はどこですか？

Where is the nearest greengrocer ?

⑬ **最近 的　书店**
　Zuìjìn de　shūdiàn
　ツイチン ダ シューティエン
在 哪儿?
　zài　nǎr？
　ツァイ ナー

最寄りの書店はどこですか？

Where is the nearest bookstore?

⑭ **最近 的 超级　市场**
　Zuìjìn de chāojí　shìchǎng
　ツイチン ダ チャオチー シーチャン
在 哪儿?
　zài　nǎr？
　ツァイ ナー

最寄りのスーパーマーケットはどこですか？

Where is the nearest supermarket?

⑮ **最近 的　礼品店**
　Zuìjìn de　lǐpǐndiàn
　ツイチン ダ リーピンティエン
在 哪儿?
　zài　nǎr？
　ツァイ ナー

最寄りのギフトショップはどこですか？

Where is the nearest gift shop?

第10文型

附近有公园吗?
《近くに公園はありますか？》

◆ チェックポイント

"**附近＋有＋Ａ＋吗?**" の文型で、「近くにＡはありますか？」という意味を表します。"**附近**"〈fùjìn フーチン〉は、日本語の「付近」と同じ意味ですが、文字も発音も似ていますね。

"**有**"〈yǒu ヨウ〉は、存在を示す動詞です。日本語でも「有る」として使われていますね。

◆ 基本例文解析

附近 有 公园 吗?
Fùjìn yǒu gōngyuán ma?
フーチン ヨウ コンユアン マ

Is there a park nearby?
近くに公園はありますか？

附近	有		公园	吗	?
Nearby	there is	a	park		?
近くに	あります		公園	か	?

★ 例文チェック ★

① **附近 有 公园 吗?**
Fùjìn yǒu gōngyuán ma ?
フーチン ヨウ コンユアン マ

近くに公園はありますか？
Is there a park nearby ?

---

② **附近 有 电影院 吗?**
Fùjìn yǒu diànyǐngyuàn ma ?
フーチン ヨウ ティエンインユアン マ

近くに映画館はありますか？
Is there a movie theater nearby ?

---

③ **附近 有 熟食店 吗?**
Fùjìn yǒu shúshídiàn ma ?
フーチン ヨウ シューシーティエン マ

近くに調製食品販売店はありますか？
Is there a delicatessen nearby ?

---

④ **附近 有 厕所 吗?**
Fùjìn yǒu cèsuǒ ma ?
フーチン ヨウ ツァースオ マ

近くにトイレはありますか？
Is there a rest room nearby ?

---

⑤ **附近 有 酒吧 吗?**
Fùjìn yǒu jiǔbā ma ?
フーチン ヨウ チュウパー マ

近くにバーはありますか？
Is there a bar nearby ?

---

⑥ **附近 有 鱼店 吗?**
Fùjìn yǒu yúdiàn ma ?
フーチン ヨウ イーティエン マ

近くに魚屋はありますか？
Is there a fish shop nearby ?

⑦ **附近 有 公用 电话 吗?**
Fùjìn yǒu gōngyòng diànhuà ma?
フーチン ヨウ コンヨン ティエンフア マ

近くに公衆電話はありますか？

Is there a phone booth nearby?

---

⑧ **附近 有 免税商店 吗?**
Fùjìn yǒu miǎnshuìshāngdiàn ma?
フーチン ヨウ ミエンシュイシャンティエン マ

近くに免税店はありますか？

Is there a duty-free shop nearby?

---

⑨ **附近 有 银行 吗?**
Fùjìn yǒu yínháng ma?
フーチン ヨウ インハン マ

近くに銀行はありますか？

Is there a bank nearby?

---

⑩ **附近 有 邮局 吗?**
Fùjìn yǒu yóujú ma?
フーチン ヨウ ヨウチュー マ

近くに郵便局はありますか？

Is there a post office nearby?

---

⑪ **附近 有 医院 吗?**
Fùjìn yǒu yīyuàn ma?
フーチン ヨウ イーユアン マ

近くに病院はありますか？

Is there a hospital nearby?

---

⑫ **附近 有 饭店 吗?**
Fùjìn yǒu fàndiàn ma?
フーチン ヨウ ファンティエン マ

近くにホテルはありますか？

Is there a hotel nearby?

⑬ **附近 有 加油站 吗?**
　　Fùjìn yǒu jiāyóuzhàn ma?
　　フーチン ヨウ チャーヨウチャン マ

近くにガソリンスタンドはありますか？

Is there a gas station nearby?

---

⑭ **附近 有 公共 汽车**
　　Fùjìn yǒu gōnggòng qìchē
　　フーチン ヨウ コンコン チーチャー
　站 吗?
　　zhàn ma?
　　チャン マ

近くにバス停はありますか？

Is there a bus stop nearby?

---

⑮ **附近 有 出租 汽车**
　　Fùjìn yǒu chūzū qìchē
　　フーチン ヨウ チューツー チーチャー
　站 吗?
　　zhàn ma?
　　チャン マ

近くにタクシー乗り場はありますか？

Is there a taxi stand nearby?

第11文型　我有三个孩子 🔵29
《私には子供が3人います》

◆ チェックポイント

"**我＋有＋Ａ**" の文型で、「私はＡを持っている」という意味を表します。"**有**" は「持つ、所有する」という意味です。

"**有**" は英語の "have" にあたりますが、"have" ほど使用領域は広くありません。

詳しいことをお知りになりたい方は、私の『英語がわかれば中国語はできる』（駿河台出版社）を是非お読み下さい。

◆ 基本例文解析

我　有　三　个　孩子。
Wǒ　yǒu　sān　ge　háizi.
ウォー　ヨウ　サン　ガ　ハイツ

I have three children.
私には子供が3人います。

我	有	三	个	孩子
I	have	three		children
私	います	3	人	子供

★ 例文チェック ★

① 我 有 三 个 孩子。
Wǒ yǒu sān ge háizi.
ウォー ヨウ サン ガ ハイツ

私には子供が3人います。
I have three children.

★ "个"〈ge ガ〉：人や物全般を表す量詞です。「3人」の「人」にあたります。

② 我 有 两 个 儿子。
Wǒ yǒu liǎng ge érzi.
ウォー ヨウ リャン ガ アーツ

私には息子が2人います。
I have two sons.

★量詞の前に置く、ひとけたの数としては、"2"は"二"〈èr アー〉ではなく、"两"〈liǎng リャン〉を用います。

③ 我 有 两 个 弟弟。
Wǒ yǒu liǎng ge dìdi.
ウォー ヨウ リャン ガ ティーティ

私には弟が2人います。
I have two younger brothers.

④ 我 有 四 个 女儿。
Wǒ yǒu sì ge nǚ'ér.
ウォー ヨウ スー ガ ニーアー

私には娘が4人います。
I have four daughters.

⑤ 我 有 电脑。
Wǒ yǒu diànnǎo.
ウォー ヨウ ティエンナオ

私はパソコンを持っています。
I have a personal computer.

★パソコンは"个人电脑"〈gèréndiànnǎo カーレンティエンナオ〉と訳されているものもありますが、中国人によれば、"电脑"だけで意味がわかるそうです。

⑥ **我 有 六 台 电脑。**
Wǒ yǒu liù tái diànnǎo.
ウォー ヨウ リュウ タイ ティエンナオ

私はパソコンを6台持っています。
I have six personal computers.

★ "台"〈tái タイ〉：機械や設備を表す量詞です。

⑦ **我 有 八 个 美国 朋友。**
Wǒ yǒu bā ge Měiguó péngyou.
ウォー ヨウ パー ガ メイクオ パンヨウ

私にはアメリカ人の友達が8人います。
I have eight American friends.

⑧ **我 有 十 个 中国 朋友。**
Wǒ yǒu shí ge Zhōngguó péngyou.
ウォー ヨウ シー ガ チョングオ パンヨウ

私には中国人の友達が10人います。
I have ten Chinese friends.

⑨ **我 有 三 个 建议。**
Wǒ yǒu sān ge jiànyì.
ウォー ヨウ サン ガ チエンイー

私には提案が3つあります。
I have three suggestions.

⑩ **我 有 很 多 中文 书。**
Wǒ yǒu hěn duō Zhōngwén shū.
ウォー ヨウ ヘン トゥオー チョンウェン シュー

私は中国語の本をたくさん持っています。
I have many Chinese books.

★ "很多"〈hěn duō ヘン トゥオー〉：たくさんの、多くの。

⑪ 我 有 她的 地址。
　Wǒ yǒu tā de dìzhǐ.
　ウォー ヨウ ター ダ ティーチー

私は彼女の住所がわかります。

I have her address.

★ "地址"〈dìzhǐ ティーチー〉：住所。

⑫ 我 今天 有五节课。
　Wǒ jīntiān yǒu wǔ jié kè.
　ウォー チンティエン ヨウ ウー チエ カー

私は今日は5時間授業です。

I have five classes today.

★ "节"〈jié チエ〉：分割可能な物を表す量詞です。

⑬ 我有一 双 蓝 眼睛。
　Wǒ yǒu yì shuāng lán yǎnjing.
　ウォー ヨウ イー シュアン ラン イエンチン

私は青い目をしています。

I have blue eyes.

★ "双"〈shuāng シュアン〉：対になった物を表す量詞です。

⑭ 我 有 好 消息。
　Wǒ yǒu hǎo xiāoxi.
　ウォー ヨウ ハオ シャオシ

いい知らせがあります。

I have good news.

⑮ 我 左手 里有 一个
　Wǒ zuǒshǒu li yǒu yí ge
　ウォー ツオショウ リ ヨウ イー ガ
苹果。
píngguǒ.
ピンクオ

私は左手にリンゴを1つ持っています。

I have an apple in my left hand.

★ "里"〈li リ〉：…の中に。場所を示す語句は動詞の前に置かれます。

第12文型　我没有预约

《私は予約していません》

◆ チェックポイント

"**我**＋**没**＋**有**＋A" の文型で、「私はAを持っていない」という意味を表します。

すなわち、第11文型の否定形です。動詞は普通、"**不**" で否定しますが、"**有**" は "**没**"〈méi メイ〉で否定します。

"**没**" が否定の意味を表すことは、日本語の「没交渉」でもわかりますね。

◆ 基本例文解析

我　没　有　预约。
Wǒ　méi　yǒu　yùyuē.
ウォー　メイ　ヨウ　イーユエ

I don't have a reservation.
私は予約していません。

我	没	有		预约
I	not	have	a	reservation
私	ない	あります		予約

★ 例文チェック ★

① **我 没 有 预约。**
Wǒ méi yǒu yùyuē.
ウォー メイ ヨウ イーユエ

私は予約していません。
I don't have a reservation.

② **我 没 有 兄弟姐妹。**
Wǒ méi yǒu xiōngdì jiěmèi.
ウォー メイ ヨウ シュンティー チエメイ

私には兄弟がいません。
I have no brothers and sisters.

③ **我 没 有 中国地图。**
Wǒ méi yǒu Zhōngguó dìtú.
ウォー メイ ヨウ チョングオ ティートゥー

私は中国の地図を持っていません。
I don't have a map of China.

④ **我 没 有 他的 地址。**
Wǒ méi yǒu tā de dìzhǐ.
ウォー メイ ヨウ ター ダ ティーチー

私は彼の住所が分かりません。
I don't have his address.

⑤ **我 没 有 自动铅笔。**
Wǒ méi yǒu zìdòngqiānbǐ.
ウォー メイ ヨウ ツートンチェンピー

私はシャープペンシルを持っていません。
I don't have a mechanical pencil.

⑥ 我 没 有 汉英
　Wǒ　méi　yǒu　Hàn-Yīng
　ウォー　メイ　ヨウ　ハンイン
　词典。
　cídiǎn.
　ツーティエン

私は漢英辞典を持っていません。

I don't have a Chinese-English dictionary.

---

⑦ 我 没 有 信封。
　Wǒ　méi　yǒu　xìnfēng.
　ウォー　メイ　ヨウ　シンフォン

私は封筒を持っていません。

I don't have an envelope.

---

⑧ 我 没 有 自来水笔。
　Wǒ　méi　yǒu　zìláishuǐbǐ.
　ウォー　メイ　ヨウ　ツーライシュイピー

私は万年筆を持っていません。

I don't have a fountain pen.

---

⑨ 我 没 有 信用卡。
　Wǒ　méi　yǒu　xìnyòngkǎ.
　ウォー　メイ　ヨウ　シンヨンカー

私はクレジットカードを持っていません。

I don't have a credit card.

---

⑩ 我 没 有 意见。
　Wǒ　méi　yǒu　yìjian.
　ウォー　メイ　ヨウ　イーチエン

私は意見はありません。

I don't have an opinion.

---

⑪ 我 没 有 照相机。
　Wǒ　méi　yǒu　zhàoxiàngjī.
　ウォー　メイ　ヨウ　チャオシャンチー

私はカメラを持っていません。

I don't have a camera.

---

⑫ 我 没 有 钱。
　Wǒ　méi　yǒu　qián.
　ウォー　メイ　ヨウ　チエン

私はお金を持っていません。

I have no money.

⑬ 我 没 有 钱 买
　Wǒ　méi　yǒu　qián　mǎi
　ウォー　メイ　ヨウ　チエン　マイ
威士忌酒。
　wēishìjìjiǔ.
　ウェイシーチーチュウ

私はウイスキーを買うお金を持っていません。

I have no money to buy whisky.

★ "有"の目的語のあとにさらに動詞を続けて、英語の不定詞の形容詞的用法にあたる言い方です。⑭, ⑮も同じ用法です。

⑭ 我 没 有 机会 说
　Wǒ　méi yǒu　jīhuì　shuō
　ウォー　メイ ヨウ　チーフイ　シュオー
西班牙语。
　Xībānyáyǔ.
　シーパンヤーイー

私はスペイン語を話す機会がありません。

I have no opportunity to speak Spanish.

⑮ 我 没 有 时间 学
　Wǒ　méi yǒu　shíjiān　xué
　ウォー　メイ ヨウ　シーチエン　シュエ
英文。
　Yīngwén.
　インウェン

私は英語を勉強する時間がありません。

I have no time to study English.

第13文型　你有兄弟姐妹吗？

《あなたは兄弟はいますか？》

◇ チェックポイント

"你＋有＋A＋吗？"の文型で、「あなたはAを持っていますか？」という意味を表します。第12文型の主語を"你"に代えて疑問形にしたものです。

文末に"吗"を置く疑問文のほかに、"有"と"没有"を重ねて使う反復疑問文の形もあり"你有没有兄弟姐妹？"のようになります。答えは、いずれのタイプの疑問文でも、"有"（肯定）、"没有"（否定）のように動詞をそのまま使います。

◇ 基本例文解析

你 有　兄弟　姐妹 吗？
Nǐ yǒu xiōngdì jiěmèi ma ?
ニー ヨウ シュンティー チエメイ マ

Do you have any brothers or sisters ?
あなたは兄弟はいますか？

你	有	兄弟 姐妹	吗	?
You	have	brothers sisters		?
あなた	います	兄弟	か	?

★ 例文チェック ★

① **你 有 兄弟 姐妹 吗?**
Nǐ yǒu xiōngdì jiěmèi ma ?
ニー ヨウ シュンティー チエメイ マ

あなたは兄弟はいますか？
Do you have any brothers or sisters ?

② **你 有 男朋友 吗?**
Nǐ yǒu nánpéngyou ma ?
ニー ヨウ ナンパンヨウ マ

あなたはボーイフレンドはいますか？
Do you have a boyfriend ?

③ **你 有 女朋友 吗?**
Nǐ yǒu nǚpéngyou ma ?
ニー ヨウ ニーパンヨウ マ

あなたはガールフレンドはいますか？
Do you have a girlfriend ?

④ **你 有 签证 吗?**
Nǐ yǒu qiānzhèng ma ?
ニー ヨウ チエンチェン マ

あなたはビザはありますか？
Do you have a visa ?

⑤ **你 有 入境 登记卡 吗?**
Nǐ yǒu rùjìng dēngjìkǎ ma ?
ニー ヨウ ルーチン タンチーカー マ

あなたは入国カードはありますか？
Do you have an immigration card ?

⑥ **你 有 护照 吗?**
　Nǐ yǒu hùzhào ma?
　ニー ヨウ フーチャオ マ

あなたはパスポートはありますか？

Do you have a passport?

⑦ **你 有 信用卡 吗?**
　Nǐ yǒu xìnyòngkǎ ma?
　ニー ヨウ シンヨンカー マ

あなたはクレジットカードはありますか？

Do you have a credit card?

⑧ **你 有 日中 词典 吗?**
　Nǐ yǒu Rì-Zhōng cídiǎn ma?
　ニー ヨウ リーチョン ツーティエン マ

あなたは日中辞典を持っていますか？

Do you have a Japanese-Chinese dictionary?

⑨ **你 有 汽车 吗?**
　Nǐ yǒu qìchē ma?
　ニー ヨウ チーチャー マ

あなたは車を持っていますか？

Do you have a car?

⑩ **你 有 电脑 吗?**
　Nǐ yǒu diànnǎo ma?
　ニー ヨウ ティエンナオ マ

あなたはパソコンを持っていますか？

Do you have a personal computer?

⑪ **你 有 指南 吗?**
　Nǐ yǒu zhǐnán ma?
　ニー ヨウ チーナン マ

あなたはガイドブックを持っていますか？

Do you have a guidebook?

⑫ **你 有 圆珠笔 吗?**
　Nǐ yǒu yuánzhūbǐ ma?
　ニー ヨウ ユアンチューピー マ

あなたはボールペンを持っていますか？

Do you have a ballpoint pen?

⑬ **你 有 铅笔 吗?**
　Nǐ yǒu qiānbǐ ma ?
　ニー ヨウ チエンピー マ

あなたは鉛筆を持っていますか？

Do you have a pencil ?

---

⑭ **你 有 数码相机 吗?**
　Nǐ yǒu shùmǎxiàngjī ma ?
　ニー ヨウ シューマーシャンチー マ

あなたはデジタルカメラを持っていますか？

Do you have a digital camera ?

---

⑮ **你 有 时间 打印**
　Nǐ yǒu shíjiān dǎyìn
　ニー ヨウ シーチエン ターイン
　这 封 信 吗?
　zhè fēng xìn ma ?
　チャー フォン シン マ

あなたはこの手紙をタイプする時間はありますか？

Do you have time to type this letter ?

★ "封"〈fēng フォン〉：封入された物を表す量詞です。

第14文型　我喜欢松岛菜奈子
《私は松島菜奈子が好きです》

◆ チェックポイント

　"**我＋喜欢＋A**"の文型で、「私はA（のこと）が好きです」という意味を表します。

　"**喜欢**"〈xǐhuan シーファン〉は、人、物、事柄などが好きであるという意味で広く使われる動詞で、英語の"like"にあたります。

　「とても好きである」と言いたい時は、"**喜欢**"の前に副詞の"**很**"〈hěn ヘン〉を置きます。英語では、"like A very much"、"love A"、"enjoy A"と訳されています。

　英語でも中国語でも動詞（like／喜欢）のあとにむき出しの名詞がきますが、日本語では、「《…のこと》が好きです」という言い方もします。この「こと」は輪郭を少しぼかす働きをしますが、英語や中国語のネイティブスピーカーは大変興味を持っているようです。

　英語や中国語と比較しながら、日本語を改めて勉強しなおすことも私たち日本人には必要でしょう。

　さらには、日本人論や日本文化にも目を向けましょう。

◆ 基本例文解析

我　喜欢　松岛 菜奈子。
Wǒ　xǐhuan　Sōngdǎo　Càinàizǐ.
ウォー　シーファン　ソンタオ　ツァイナイツ

I like Nanako Matsushima.
私は松島菜奈子が好きです。

我	喜欢	松岛菜奈子
I	like	Nanako Matsushima
私	好きです	松島菜奈子

★ 例文チェック ★

① 我 喜欢 松岛 菜奈子。
Wǒ xǐhuan Sōngdǎo Càinàizǐ.
ウォー シーファン ソンタオ ツァイナイツ

私は松島菜奈子が好きです。
I like Nanako Matsushima.

② 我 喜欢 中文。
Wǒ xǐhuan Zhōngwén.
ウォー シーファン チョンウェン

私は中国語が好きです。
I like Chinese.

③ 我 喜欢 西班牙。
Wǒ xǐhuan Xībānyá.
ウォー シーファン シーパンヤー

私はスペインが好きです。
I like Spain.

④ 我 喜欢 温哥华。
Wǒ xǐhuan Wēngēhuá.
ウォー シーファン ウェンカーフア

私はバンクーバーが好きです。
I like Vancouver.

⑤ 我 喜欢 狗。
Wǒ xǐhuan gǒu.
ウォー シーファン コウ

私は犬が好きです。
I like dogs.

⑥ 我 喜欢 夏天。
Wǒ xǐhuan xiàtiān.
ウォー シーファン シャーティエン

私は夏が好きです。
I like summer.

⑦ 我 喜欢 网球。
Wǒ xǐhuan wǎngqiú.
ウォー シーファン ワンチュウ

私はテニスが好きです。
I like tennis.

⑧ 我 喜欢 打 网球。　　　私はテニスをするのが好き
　Wǒ xǐhuan dǎ wǎngqiú.　　です。
　ウォー シーファン ター ワンチュウ　I like to play tennis.

★ "打"〈dǎ ター〉：（遊戯などを）する。"打"のあとにはさまざまなスポーツ名がきます。

⑨ 我 喜欢 经济学。　　　私は経済学が好きです。
　Wǒ xǐhuan jīngjìxué.　　I like economics.
　ウォー シーファン チンチーシュエ

⑩ 我 喜欢 吃 小笼包。　　私はショーロンポーが好き
　Wǒ xǐhuan chī xiǎolóngbāo.　です。
　ウォー シーファン チー シャオロンパオ　I like steamed pork buns.

★食べ物、飲み物の嗜好を述べる時は、動詞"吃"〈chī チー〉（食べる）、飲む"喝"〈hē ハー〉（飲む）を付けることが多いです。

⑪ 我 喜欢 吃 肉包子。　　私は肉まんが好きです。
　Wǒ xǐhuan chī ròubāozi.　I like meat-stuffed buns.
　ウォー シーファン チー ロウパオツ

⑫ 我 喜欢 吃 烧卖。　　　私はシューマイが好きです。
　Wǒ xǐhuan chī shāomai.　I like steamed pork
　ウォー シーファン チー シャオマイ　dumplings.

⑬ 我 喜欢 喝 啤酒。　　　私はビールが好きです。
　Wǒ xǐhuan hē píjiǔ.　　I like beer.
　ウォー シーファン ハー ピーチュウ

⑭ 我 喜欢 喝 咖啡。　　　私はコーヒーが好きです。
　Wǒ xǐhuan hē kāfēi.　　I like coffee.
　ウォー シーファン ハー カーフェイ

⑮ 我　喜欢　喝　可可。　　私はココアが好きです。
　Wǒ　xǐhuan　hē　kěkě.　　I like cocoa.
　ウォー シーファン ハー カーカー

★ "cocoa" 英語の発音は、[kóukou（コウコウ）] です。

第15文型

我不喜欢数学 🔊33

《私は数学が好きではありません》

◇ **チェックポイント**

"**我＋不＋喜欢＋Ａ**"の文型で、「私はＡが好きではありません（嫌いです）」という意味を表します。すなわち、第14文型の否定形です。

"**不**"〈bù プー〉は声調変化を起こさず、第４声のままです。

◇ **基本例文解析**

我　不　喜欢　数学。
Wǒ　bù　xǐhuan　shùxué.
ウォー　プー　シーファン　シューシュエ

I don't like mathematics.
私は数学が好きではありません。

我	不	喜欢	数学
I	not	like	mathematics
私	ない	好きです	数学

★ 例文チェック ★

① 我 不 喜欢 数学。
Wǒ bù xǐhuan shùxué.
ウォー プー シーファン シューシュエ

私は数学が好きではありません。

I don't like mathematics.

② 我 不 喜欢 化学。
Wǒ bù xǐhuan huàxué.
ウォー プー シーファン フアシュエ

私は化学が好きではありません。

I don't like chemistry.

③ 我 不 喜欢 拉丁文。
Wǒ bù xǐhuan Lādīngwén.
ウォー プー シーファン ラーティンウェン

私はラテン語が好きではありません。

I don't like Latin.

④ 我 不 喜欢 希腊语。
Wǒ bù xǐhuan Xīlàyǔ.
ウォー プー シーファン シーラーイー

私はギリシア語が好きではありません。

I don't like Greek.

⑤ 我 不 喜欢 希特勒。
Wǒ bù xǐhuan Xītèlè.
ウォー プー シーファン シーターラー

私はヒトラーが好きではありません。

I don't like Hitler.

⑥ 我 不 喜欢 蛇。
Wǒ bù xǐhuan shé.
ウォー プー シーファン シェー

私は蛇が好きではありません。

I don't like snakes.

⑦ 我 不 喜欢 冬天。
Wǒ bù xǐhuan dōngtiān.
ウォー プー シーファン トンティエン

私は冬が好きではありません。

I don't like winter.

⑧ 我 不 喜欢 排球。
Wǒ bù xǐhuan páiqiú.
ウォー プー シーファン パイチュウ

私はバレーボールが好きではありません。

I don't like volleyball.

⑨ 我 不 喜欢 打 排球。
Wǒ bù xǐhuan dǎ páiqiú.
ウォー プー シーファン ター パイチュウ

私はバレーボールをするのが好きではありません。

I don't like to play volleyball.

⑩ 我 不 喜欢 吃
Wǒ bù xǐhuan chī
ウォー プー シーファン チー
汉堡包。
hànbǎobāo.
ハンパオパオ

私はハンバーガーが好きではありません。

I don't like hamburgers.

⑪ 我 不 喜欢 吃 牛肉。
Wǒ bù xǐhuan chī niúròu.
ウォー プー シーファン チー ニュウロウ

私は牛肉が好きではありません。

I don't like beef.

⑫ 我 不 喜欢 吃 鸡肉。
Wǒ bù xǐhuan chī jīròu.
ウォー プー シーファン チー チーロウ

私は鶏肉は好きではありません。

I don't like chicken.

⑬ 我 不 喜欢 喝
Wǒ bù xǐhuan hē
ウォー プー シーファン ハー
白兰地。
báilándì.
パイランティー

私はブランデーが好きではありません。

I don't like brandy.

⑭ 我 不 喜欢 喝 伏特加。
Wǒ bù xǐhuan hē fútèjiā.
ウォー プー シーファン ハー フーターチャー

私はウォッカが好きではありません。

I don't like vodka.

---

⑮ 我 不 喜欢 喝 椰子汁。
Wǒ bù xǐhuan hē yēzizhī.
ウォー プー シーファン ハー イエツーチー

私はココナッツミルクが好きではありません。

I don't like coconut milk.

第16文型

你喜欢卓别林吗?

《あなたはチャップリンが好きですか？》

◇ チェックポイント

"**你＋喜欢＋Ａ＋吗?**"の文型で、「あなたはＡが好きですか？」という意味を表します。第15文型の主語を"**你**"に代えて疑問形にしたものです。

文末に"**吗**"を置く形のほか、肯定形と否定形を連続させて"**你喜欢不喜欢卓别林?**"とする反復疑問文の形もあります。

答えは、"**喜欢**"（肯定）、"**不喜欢**"（否定）のように動詞をそのまま使います。

◇ 基本例文解析

你 喜欢 卓别林 吗?

Nǐ xǐhuan Zhuóbiélín ma ?
ニー シーファン チュオピエリン マ

Do you like Chaplin ?

あなたはチャップリンが好きですか？

你	喜欢	卓别林	吗	?
You	like	Chaplin		?
あなた	好きです	チャップリン	か	?

★ 例文チェック ★

① 你 喜欢 卓别林 吗?
Nǐ xǐhuan Zhuóbiélín ma?
ニー シーファン チュオピエリン マ

あなたはチャップリンが好きですか？

Do you like Chaplin?

② 你 喜欢 披头四士 吗?
Nǐ xǐhuan Pītóusìshì ma?
ニー シーファン ピートウスーシー マ

あなたはビートルズが好きですか？

Do you like the Beatles?

★定冠詞の"the"を落とさないようにしましょう。

③ 你 喜欢 中文 吗?
Nǐ xǐhuan Zhōngwén ma?
ニー シーファン チョンウェン マ

あなたは中国語が好きですか？

Do you like Chinese?

④ 你 喜欢 日本 吗?
Nǐ xǐhuan Rìběn ma?
ニー シーファン リーペン マ

あなたは日本が好きですか？

Do you like Japan?

⑤ 你 喜欢 香港 吗?
Nǐ xǐhuan Xiānggǎng ma?
ニー シーファン シャンカン マ

あなたは香港が好きですか？

Do you like Hong Kong?

⑥ 你 喜欢 春天 吗?
Nǐ xǐhuan chūntiān ma?
ニー シーファン チュンティエン マ

あなたは春が好きですか？

Do you like spring?

⑦ 你 喜欢 秋天 吗?
Nǐ xǐhuan qiūtiān ma?
ニー シーファン チュウティエン マ

あなたは秋が好きですか？

Do you like autumn?

⑧ 你 喜欢 猫 吗？
Nǐ xǐhuan māo ma?
ニー シーファン マオ マ

あなたは猫が好きですか？
Do you like cats?

⑨ 你 喜欢 游泳 吗？
Nǐ xǐhuan yóuyǒng ma?
ニー シーファン ヨウヨン マ

あなたは水泳が好きですか？
Do you like swimming?

⑩ 你 喜欢 打 羽毛球 吗？
Nǐ xǐhuan dǎ yǔmáoqiú ma?
ニー シーファン ター イーマオチュウ マ

あなたはバドミントンをするのは好きですか？
Do you like to play badminton?

⑪ 你 喜欢 爵士乐 吗？
Nǐ xǐhuan juéshìyuè ma?
ニー シーファン チュエシーユエ マ

あなたはジャズが好きですか？
Do you like jazz?

⑫ 你 喜欢 吃 担担面 吗？
Nǐ xǐhuan chī dāndànmiàn ma?
ニー シーファン チー タンタンミエン マ

あなたはタンタンメンが好きですか？
Do you like spicy egg noodles?

⑬ 你 喜欢 吃 馒头 吗？
Nǐ xǐhuan chī mántou ma?
ニー シーファン チー マントウ マ

あなたはマントーが好きですか？
Do you like steamed buns?

⑭ **你 喜欢 喝 牛奶 吗?**
Nǐ xǐhuan hē niúnǎi ma?
ニー シーファン ハー ニュウナイ マ

あなたは牛乳が好きですか？
Do you like milk?

⑮ **你 喜欢 喝 柠檬水 吗?**
Nǐ xǐhuan hē níngméngshuǐ ma?
ニー シーファン ハー ニンマンシュイ マ

あなたはレモネードが好きですか？
Do you like lemonade?

第17文型 我想去中国 ◎35

《私は中国へ行きたいです》

◆ チェックポイント

"**我＋想＋動詞（＋目的語）**"の文型で、「私は…したいです」という意味を表します。

"**想**"〈xiǎng シャン〉は動詞の前に置かれ、「…したい、…したいと思う」という意味を添えることができます。

"**想**"は英語の"would like to…"にあたります。"would like to…"は仮定法ですから、やや控えめな言い方です。

否定文は、"**不**"を"**想**"の前に置き、"**我不想去中国。**"となります。

疑問文は、文末に"**吗**"を置くタイプと"**想**"（肯定形）と"**不想**"（否定形）を連続させるタイプとがあり、それぞれ"**你想去中国吗？**"，"**你想不想去中国？**"となります。

例文チェックでは、"**想**"のあとに、《"**去**"〈qù チー〉：行く》、《"**看**"〈kàn カン〉：見る》《"**要**"〈yào ヤオ〉：欲しい》、《"**买**"〈mǎi マイ〉：買う》、《"**吃**"〈chī チー〉：食べる》、《"**喝**"〈hē ハー〉：飲む》の6つの動詞を置いています。

◆ 基本例文解析

我 想 去 中国。
Wǒ xiǎng qù Zhōngguó.
ウォー シャン チー チョングオ

I'd like to go to China.
私は中国へ行きたいです。

我	想	去	中国
I	would like to	go	China
私	したいです	行く	中国

★ 例文チェック ★

① 我 想 去 中国。
Wǒ xiǎng qù Zhōngguó.
ウォー シャン チー チョングオ

私は中国へ行きたいです。
I'd like to go to China.

② 我 想 去 台湾。
Wǒ xiǎng qù Táiwān.
ウォー シャン チー タイワン

私は台湾へ行きたいです。
I'd like to go to Taiwan.

③ 我 想 去 南非。
Wǒ xiǎng qù Nánfēi.
ウォー シャン チー ナンフェィ

私は南アフリカへ行きたいです。
I'd like to go to South Africa.

④ 我 想 去 瑞士。
Wǒ xiǎng qù Ruìshì.
ウォー シャン チー ルイシー

私はスイスへ行きたいです。
I'd like to go to Switzerland.

⑤ 你 想 去 哪儿？
Nǐ xiǎng qù nǎr？
ニー シャン チー ナー

あなたはどこへ行きたいですか？
Where would you like to go？

⑥ 我 想 看 博物馆。
Wǒ xiǎng kàn bówùguǎn.
ウォー シャン カン ポーウークアン

私は博物館が見たいです。
I'd like to see the museum.

⑦ 我 想 看 鲁迅 博物馆。
Wǒ xiǎng kàn Lǔxùn Bówùguǎn.
ウォー シャン カン ルーシン ポーウークアン

私は魯迅博物館が見たいです。

I'd like to see the Luxun Museum.

---

⑧ 我 想 看 北京 美术馆。
Wǒ xiǎng kàn Běijīng Měishùguǎn.
ウォー シャン カン ペイチン メイシュークアン

私は北京美術館が見たいです。

I'd like to see the Beijing Art Gallery.

---

⑨ 我 想 看 网球 比赛。
Wǒ xiǎng kàn wǎngqiú bǐsài.
ウォー シャン カン ワンチュウ ピーサイ

私はテニスの試合が見たいです。

I'd like to see the tennis match.

---

⑩ 你 想 看 什么？
Nǐ xiǎng kàn shénme?
ニー シャン カン シェンマ

あなたは何が見たいですか？

What would you like to see?

---

⑪ 我 想 要 海鲜 汤。
Wǒ xiǎng yào hǎixiān tāng.
ウォー シャン ヤオ ハイシエン タン

私は海鮮スープをもらいます。

I'd like seafood soup.

★ "汤"〈tāng〉：スープ

⑫ 我 想 要 杏仁豆腐。
Wǒ xiǎng yào xìngréndòufu.
ウォー シャン ヤオ シンレントウフ

私は杏仁豆腐をもらいます。
I'd like almond gelatin.

⑬ 我 想 要 白兰地。
Wǒ xiǎng yào báilándì.
ウォー シャン ヤオ パイランティー

私はブランデーをもらいます。
I'd like brandy.

⑭ 我 想 要 单人 房间。
Wǒ xiǎng yào dānrén fángjiān.
ウォー シャン ヤオ タンレン ファンチエン

私はシングルの部屋がいいのですが。
I'd like a single room.

⑮ 我 想 要 双人 房间。
Wǒ xiǎng yào shuāngrén fángjiān.
ウォー シャン ヤオ シュアンレン ファンチエン

私はダブルの部屋がいいのですが。
I'd like a double room.

⑯ 我 想 买 地毯。
Wǒ xiǎng mǎi dìtǎn.
ウォー シャン マイ ティータン

私はカーペットを買いたいのです。
I'd like to buy carpets.

⑰ 我 想 买 这 本 英汉 词典。
Wǒ xiǎng mǎi zhè běn Yīng-Hàn cídiǎn.
ウォー シャン マイ チャー ペン インハン ツーティエン

私はこの英漢辞典を買いたいです。
I'd like to buy this English-Chinese dictionary.

⑱ 我 想 买 明信片。 Wǒ xiǎng mǎi míngxìnpiàn. ウォー シャン マイ ミンシンピエン	私はハガキを買いたいです。 I'd like to buy postcards.
⑲ 我 想 买 迷你裙。 Wǒ xiǎng mǎi mínǐqún. ウォー シャン マイ ミーニーチュン	私はミニスカートを買いたいです。 I'd like to buy a miniskirt.
⑳ 你 想 买 什么? Nǐ xiǎng mǎi shénme? ニー シャン マイ シェンマ	あなたは何を買いたいですか? What would you like to buy?
㉑ 我 想 吃 棒棒鸡。 Wǒ xiǎng chī bàngbàngjī. ウォー シャン チー パンパンチー	私はバンバンジー(鶏肉の辛みソース)が食べたいです。 I'd like to have cold chicken with spicy sesame sauce.
㉒ 我 想 吃 牛肉丸。 Wǒ xiǎng chī niúròuwán. ウォー シャン チー ニュウロウワン	私はビーフボールが食べたいです。 I'd like to have beef balls.
㉓ 我 想 吃 涮羊肉。 Wǒ xiǎng chī shuànyángròu. ウォー シャン チー シュアンヤンロウ	私は羊肉のシャブシャブが食べたいです。 I'd like to have Mongolian hot pot.

㉔ 我 想 吃 水饺。
Wǒ xiǎng chī shuǐjiǎo.
ウォー シャン チー シュイチャオ

私は水ギョウザが食べたいです。

I'd like to have boiled dumplings.

㉕ 你 想 吃 什么？
Nǐ xiǎng chī shénme?
ニー シャン チー シェンマ

あなたは何が食べたいですか？

What would you like to have?

㉖ 我 想 喝 啤酒。
Wǒ xiǎng hē píjiǔ.
ウォー シャン ハー ピーチュウ

私はビールが飲みたいです。

I'd like to drink beer.

㉗ 我 想 喝 鲜啤酒。
Wǒ xiǎng hē xiānpíjiǔ.
ウォー シャン ハー シエンピーチュウ

私は生ビールが飲みたいです。

I'd like to drink draft beer.

㉘ 我 想 喝 威士忌酒。
Wǒ xiǎng hē wēishìjìjiǔ.
ウォー シャン ハー ウェイシーチーチュウ

私はウイスキーが飲みたいです。

I'd like to drink whisky.

㉙ 我 想 喝 乌龙茶。
Wǒ xiǎng hē wūlóngchá.
ウォー シャン ハー ウーロンチャー

私はウーロン茶が飲みたいです。

I'd like to drink oolong tea.

㉚ 你 想 喝 什么？
Nǐ xiǎng hē shénme?
ニー シャン ハー シェンマ

あなたは何が飲みたいですか？

What would you like to drink?

第18文型 我会说广东话

《私は広東語を話すことができます》

◆ チェックポイント

"**我**＋**会**＋動詞（＋目的語）"の文型で、「私は…することができる」という意味を表します。"**会**"〈huì フイ〉は動詞の前に置かれ、学習、訓練、練習によって能力や技術を習得した結果、「…できる」という意味を添え、英語の"can"にあたります。

否定文は、"**会**"の前に"**不**"を置きます。力だめしとして、否定文を作ってみて下さい。

◆ 基本例文解析

我　会　说　广东话。
Wǒ　huì　shuō　Guǎngdōnghuà.
ウォー　フイ　シュオー　クアントンフア

I can speak Cantonese.
私は広東語を話すことができます。

我	会	说	广东话
I	can	speak	Cantonese
私	できます	話す	広東語

★ 例文チェック ★

① 我 会 说 广东话。
Wǒ huì shuō Guǎngdōnghuà.
ウォー フイ シュオー クアントンフア

私は広東語を話すことができます。

I can speak Cantonese.

② 我 会 说 越南语。
Wǒ huì shuō Yuènányǔ.
ウォー フイ シュオー ユエナンイー

私はベトナム語を話すことができます。

I can speak Vietnamese.

③ 我 会 说 法语。
Wǒ huì shuō Fǎyǔ.
ウォー フイ シュオー ファーイー

私はフランス語を話すことができます。

I can speak French.

④ 我 会 说 意大利语。
Wǒ huì shuō Yìdàlìyǔ.
ウォー フイ シュオー イーターリーイー

私はイタリア語を話すことができます。

I can speak Italian.

⑤ 我 会 说 德语。
Wǒ huì shuō Déyǔ.
ウォー フイ シュオー ターイー

私はドイツ語を話すことができます。

I can speak German.

⑥ 我 会 说 西班牙语。
Wǒ huì shuō Xībānyáyǔ.
ウォー フイ シュオー シーパンヤーイー

私はスペイン語を話すことができます。

I can speak Spanish.

⑦ 我 会 说 英语。
Wǒ huì shuō Yīngyǔ.
ウォー フイ シュオー インイー

私は英語を話すことができます。

I can speak English.

⑧ 我 会 说 一点儿 英语。
Wǒ huì shuō yìdiǎnr Yīngyǔ.
ウォー フイ シュオー イーティアー インイー

私は英語を少し話すことができます。

I can speak a little English.

★ "一点儿"〈yìdiǎnr イーティアー〉：少し。

⑨ 我 会 说 中国话。
Wǒ huì shuō Zhōngguóhuà.
ウォー フイ シュオー チョングオフア

私は中国語を話すことができます。

I can speak Chinese.

⑩ 我 会 说 英语 和 中国话。
Wǒ huì shuō Yīngyǔ hé Zhōngguóhuà.
ウォー フイ シュオー インイー ハー チョングオフア

私は英語と中国語を話すことができる。

I can speak English and Chinese.

★ "和"〈hé〉：…と。英語の"and"にあたります。

⑪ 我 会 开 汽车。
Wǒ huì kāi qìchē.
ウォー フイ カイ チーチャー

私は車を運転することができます。

I can drive.

★ "开"〈kāi カイ〉：運転する、操縦する。

⑫ 我 会 拉 小提琴。
Wǒ huì lā xiǎotíqín.
ウォー フイー ラー シャオティーチン

私はバイオリンを弾くことができます。

I can play the violin.

★ "拉"〈lā ラー〉：弾く、奏でる。弦楽器に用いる動詞です。

⑬ 我 会 弹 钢琴。
Wǒ huì tán gāngqín.
ウォー フイ タン カンチン

私はピアノを弾くことができます。

I can play the piano.

★ "弹"〈tán タン〉:弾く、演奏する。弦楽器や鍵楽器に用いる動詞です。

⑭ 我 会 做 菜。
Wǒ huì zuò cài.
ウォー フイ ツオ ツァイ

私は料理を作ることができます。

I can cook.

★ "做"〈zuò ツオ〉:(料理などを)作る。

★ "菜"〈cài ツァイ〉:料理、おかず。

⑮ 我 会 操作 这
Wǒ huì cāozuò zhè
ウォー フイ ツァオツオ チャー

台 机器。
tái jīqi.
タイ チーチ

私はこの機械を操作することができます。

I can operate this machine.

★ "操作"〈cāozuò ツァオツオ〉:(機械などを)操作する、動かす。

★ "机器"〈jīqi チーチ〉:機械。「機器」として日本語になっています。

第19文型 你会滑雪吗? 🎧37

《あなたはスキーができますか?》

◇ チェックポイント

"**你＋会＋動詞（＋目的語）＋吗?**" の文型で、「あなたは…することができますか?」という意味を表します。第18文型の主語を "**你**" に代えた疑問形です。

答えには、"**会**"、"**不会**" をそのまま使います。

◇ 基本例文解析

你 会 滑雪 吗?
Nǐ huì huáxuě ma?
ニー フイ フアシュエ マ

Can you ski ?
あなたはスキーができますか？

你	会	滑雪	吗	?
You	can	ski		?
あなた	できます	スキーをする	か	?

★ 例文チェック ★

① 你 会 滑雪 吗?
 Nǐ huì huáxuě ma ?
 ニー フイ フアシュエ マ

あなたはスキーができますか？

Can you ski ?

② 你 会 滑冰 吗?
 Nǐ huì huábīng ma ?
 ニー フイ フアピン マ

あなたはスケートができますか？

Can you skate ?

③ 你 会 游泳 吗?
 Nǐ huì yóuyǒng ma ?
 ニー フイ ヨウヨン マ

あなたは泳げますか？

Can you swim ?

④ 你 会 开 汽车 吗?
 Nǐ huì kāi qìchē ma ?
 ニー フイ カイ チーチャー マ

あなたは車の運転ができますか？

Can you drive ?

⑤ 你 会 说 俄语 吗?
 Nǐ huì shuō Éyǔ ma ?
 ニー フイ シュオー アーイー マ

あなたはロシア語が話せますか？

Can you speak Russian ?

⑥ 你 会 说
 Nǐ huì shuō
 ニー フイ シュオー

　　印度尼西亚语　　吗?
　　Yìndùníxīyàyǔ ma ?
　　イントゥーニーシーヤーイー マ

あなたはインドネシア語が話せますか？

Can you speak Indonesian ?

⑦ **你会说阿拉伯语吗?** Nǐ huì shuō Ālābóyǔ ma? ニー フイ シュオー アーラーポーイー マ	あなたはアラビア語が話せますか？ Can you speak Arabic ?
⑧ **你会弹吉他吗?** Nǐ huì tán jítā ma? ニー フイ タン チーター マ	あなたはギターを弾くことができますか？ Can you play the guitar ?
⑨ **你会弹电吉他吗?** Nǐ huì tán diànjítā ma? ニー フイ タン ティエンチーター マ	あなたはエレキギターを弾くことができますか？ Can you play the electric guitar ?
⑩ **你会吹小号吗?** Nǐ huì chuī xiǎohào ma? ニー フイ チュイ シャオハオ マ	あなたはトランペットを吹くことができますか？ Can you play the trumpet ?

★ "吹"〈chuī チュイ〉：楽器を吹く。吹奏楽器に使う動詞です。

⑪ **你会吹长笛吗?** Nǐ huì chuī chángdí ma? ニー フイ チュイ チャンティー マ	あなたはフルートを吹くことができますか？ Can you play the flute ?
⑫ **你会吹单簧管吗?** Nǐ huì chuī dānhuángguǎn ma? ニー フイ チュイ タンフアンクアン マ	あなたはクラリネットを吹くことができますか ？ Can you play the clarinet ?
⑬ **你会拉大提琴吗?** Nǐ huì lā dàtíqín ma? ニー フイ ラー ターティーチン マ	あなたはチェロを弾くことができますか？ Can you play the cello ?

⑭ **你 会 打 鼓 吗?**
Nǐ huì dǎ gǔ ma ?
ニー フイ ター クー マ

あなたはドラムを演奏することができますか？
Can you play the drums ?

★ "打"〈dǎ ター〉：楽器を演奏する。打楽器に使う動詞です。

⑮ **你 会 打 定音鼓 吗?**
Nǐ huì dǎ dìngyīngǔ ma ?
ニー フイ ター ティンインクー マ

あなたはティンパニーを演奏することができますか？
Can you play the timpani ?

第20文型　我可以抽烟吗？ 🎧38

《タバコを吸ってもいいですか？》

◇ チェックポイント

"**我＋可以＋**動詞（＋目的語）**＋吗?**" の文型で、「…してもいいですか？」という意味を表します。"**可以**"〈kěyǐ カーイー〉は動詞の前に置かれて、「…してもよい」という意味を添えます。

この文型は許可を求める言い方で、英語の、"May（Can）I …?" にあたります。"May I …?" はフォーマルで丁寧な言い方で、"Can I …?" はややインフォーマルな言い方です。例文では "Can I …?" で統一しておきます。

◇ 基本例文解析

我　可以　抽　烟　吗？
Wǒ　kěyǐ　chōu　yān　ma？
ウォー　カーイー　チョウ　イエン　マ

Can I smoke？
たばこを吸ってもいいですか？

我	可以	抽烟	吗	?
I	can	smoke		?
私	してもいい	タバコを吸う	か	?

★ 例文チェック ★

① 我 可以 抽 烟 吗?
Wǒ　kěyǐ　chōu　yān ma ?
ウォー カーイー チョウ イエン マ

たばこを吸ってもいいですか？
Can I smoke ?

★ "抽烟"〈chōu yān チョウ イエン〉：タバコを吸う。
"吸烟"〈xī yān シー イエン〉という言い方もあります。

② 我 可以 在 这里 抽 烟 吗?
Wǒ　kěyǐ　zài　zhèli　chōu　yān ma ?
ウォー カーイー ツァイ チャーリ チョウ イエン マ

ここでタバコを吸ってもいいですか？
Can I smoke here ?

③ 我 可以 在 这里 等 吗?
Wǒ　kěyǐ　zài　zhèli　děng ma ?
ウォー カーイー ツァイ チャーリ タン マ

ここで待ってもいいですか？
Can I wait here ?

★ "等"〈děng タン〉：待つ。

④ 我 可以 在 这里 照相 吗?
Wǒ　kěyǐ　zài　zhèli　zhàoxiàng ma ?
ウォー カーイー ツァイ チャーリ チャオシャン マ

ここで写真を撮ってもいいですか？
Can I take pictures here ?

★ "照相"〈zhàoxiàng チャオシャン〉:（写真を）撮る。

⑤ 我 可以 用 你 的 词典 吗?
Wǒ kěyǐ yòng nǐ de cídiǎn ma?
ウォー カーイー ヨン ニー ダ ツーティエン マ

あなたの辞書を使ってもいいですか?

Can I use your dictionary?

★ "用"〈yòng ヨン〉:使う。

⑥ 我 可以 用 你 的 手机 吗?
Wǒ kěyǐ yòng nǐ de shǒujī ma?
ウォー カーイー ヨン ニー ダ ショウチー マ

あなたの携帯電話を借りてもいいですか?

Can I use your cell phone?

⑦ 我 可以 借 你 的 自行车 吗?
Wǒ kěyǐ jiè nǐ de zìxíngchē ma?
ウォー カーイー チエ ニー ダ ツーシンチャー マ

あなたの自転車を借りてもいいですか?

Can I borrow your bicycle?

★ "借"〈jiè チエ〉:借りる。

⑧ 我　可以　打开　　　　　窓を開けてもいいですか？
　Wǒ　kěyǐ　dǎkāi　　　　Can I open the window ?
　ウォー カーイー ターカイ

　窓户　吗?
　chuānghu ma ?
　チュアンフ　マ

★ "打开"〈dǎkāi ターカイ〉：開ける。
★ "窓户"〈chuānghu チュアンフ〉：窓。

⑨ 我　可以　关上　　　　　窓を閉めてもいいですか？
　Wǒ　kěyǐ　guānshang　　Can I close the window ?
　ウォー カーイー クアンシャン

　窓户　吗?
　chuānghu ma ?
　チュアンフ　マ

★ "关上"〈guānshang クアンシャン〉：閉める

⑩ 我　可以　开 灯 吗?　　明かりをつけてもいいですか？
　Wǒ　kěyǐ　kāi dēng ma ?
　ウォー カーイー カイ タン マ　Can I turn on the light ?

★ "开"〈kāi カイ〉：(明かりを) つける。
★ "灯"〈dēng タン〉：明かり、電灯。

⑪ 我　可以　关 灯 吗?　　明かりを消してもいいですか？
　Wǒ　kěyǐ　guān dēng ma ?
　ウォー カーイー クアン タン マ　Can I turn off the light ?

★ "关"〈guān クアン〉：(明かりを) 消す。

⑫ 我 可以 坐 在 她
   Wǒ　kěyǐ　zuò　zài　tā
   ウォー カーイ ツオ ツァイ ター

的 旁边儿 吗?
de pángbiānr ma ?
ダ パンピャー マ

彼女の隣に座ってもいいですか？

Can I sit beside her ?

★ "坐"〈zuò ツオ〉：座る。

★ "旁边儿"〈pángbiānr パンピャー〉：そば、横。

⑬ 我 可以 喝 啤酒 吗?
   Wǒ　kěyǐ　hē　píjiǔ　ma ?
   ウォー カーイー ハー ピーチュウ マ

ビールを飲んでもいいですか？

Can I drink beer ?

⑭ 我 可以 再 喝
   Wǒ　kěyǐ　zài　hē
   ウォー カーイー ツァイ ハー

一 杯 啤酒 吗?
yì bēi píjiǔ ma ?
イー ペイ ピーチュウ マ

ビールをもう一杯飲んでもいいですか？

Can I have another glass of beer ?

★ "再"〈zài ツァイ〉：再び、もう一度。

⑮ 我 可以 进来 吗?
   Wǒ　kěyǐ　jìnlai　ma ?
   ウォー カーイー チンライ マ

入っていいですか？

Can I come in ?

★ "进来"〈jìnlai チンライ〉：入って来る。

第21文型

你不用给她打电话 🎧39

《あなたは彼女に電話する必要はありません》

◇ チェックポイント

"**你＋不用＋**動詞（＋目的語）"の文型で、「あなたは…する必要はありません」という意味を表します。"**不用**"〈búyòng プーヨン〉は、動詞の前に置かれ、必要性の否定を表し、英語の"don't have to…"、"need not…"にあたります。

◇ 基本例文解析

你 不用 给 她 打 电话。
Nǐ　búyòng　gěi　tā　dǎ　diànhuà.
ニー　プーヨン　ケイ　ター　ター　ティエンフア

You don't have to call her.

あなたは彼女に電話する必要はありません。

你	不用	给	她	打 电话
You	don't have to		her	call
あなた	必要はありません	に	彼女	電話する

★ 例文チェック ★

① 你 不用 给 她 打 电话。
Nǐ búyòng gěi tā dǎ diànhuà.
ニー プーヨン ケイ ター ター ティエンフア

あなたは彼女に電話する必要はありません。

You don't have to call her.

② 你 不用 给 他 写 信。
Nǐ búyòng gěi tā xiě xìn.
ニー プーヨン ケイ ター シエ シン

あなたは彼に手紙を書く必要はありません。

You don't have to write to him.

③ 你 不用 道歉。
Nǐ búyòng dàoqiàn.
ニー プーヨン タオチエン

あなたは謝る必要はありません。

You don't have to apologize.

★ "道歉"〈dàoqiàn タオチエン〉：謝る、わびを入れる。

④ 你 不用 跟 他 道歉。
Nǐ búyòng gēn tā dàoqiàn.
ニー プーヨン ケン ター タオチエン

あなたは彼に謝る必要はありません。

You don't have to apologize to him.

★ "跟"〈gēn ケン〉：…に対して。

⑤ **你 不用 买 这 本**
　Nǐ búyòng mǎi zhè běn
　ニー プーヨン マイ チャー ペン
　词典。
　cídiǎn.
　ツーティエン

あなたはこの辞書を買う必要はありません。

You don't have to buy this dictionary.

---

⑥ **你 不用 买那 本 杂志。**
　Nǐ búyòng mǎi nà běn zázhì.
　ニー プーヨン マイ ナー ペン ツァーチー

あなたはその雑誌を買う必要はありません。

You don't have to buy that magazine.

---

⑦ **你 不用 买　电脑。**
　Nǐ búyòng mǎi　diànnǎo.
　ニー プーヨン マイ ティエンナオ

あなたはパソコンを買う必要はありません

You don't have to buy a personal computer.

---

⑧ **你 不用 付　钱。**
　Nǐ búyòng fù　qián.
　ニー プーヨン フー チエン

あなたはお金を払う必要はありません。

You don't have to pay.

★ "付"〈fù フー〉：(お金を) 払う。

---

⑨ **你 不用 看 这 本**
　Nǐ búyòng kàn zhè běn
　ニー プーヨン カン チャー ペン
　小说。
　xiǎoshuō.
　シャオシュオー

あなたはこの小説を読む必要はありません。

You don't have to read this novel.

⑩ 你 不用 去 银行。
Nǐ búyòng qù yínháng.
ニー プーヨン チー インハン

あなたは銀行に行く必要はありません。

You don't have to go to the bank.

⑪ 你 不用 去 图书馆。
Nǐ búyòng qù túshūguǎn.
ニー プーヨン チー トゥーシュークアン

あなたは図書館に行く必要はありません。

You don't have to go to the library.

⑫ 你 不用 去 邮局。
Nǐ búyòng qù yóujú.
ニー プーヨン チー ヨウチュー

あなたは郵便局へ行く必要はありません。

You don't have to go to the post office.

⑬ 你 不用 去 看 他。
Nǐ búyòng qù kàn tā.
ニー プーヨン チー カン ター

あなたは彼に会いに行く必要はありません。

You don't have to go to see him.

⑭ 你 不用 告诉 你 的
Nǐ búyòng gàosu nǐ de
ニー プーヨン カオス ニー ダ

电话号码。
diànhuàhàomǎ.
ティエンフアハオマー

あなたは電話番号を教える必要はありません。

You don't have to give your phone number.

134

⑮ **你 不用　出席　那个　会议。**
Nǐ búyòng chūxí nàge huìyì.
ニー プーヨン チューシー ナーガ フイイー

あなたはその会議に出席する必要はありません。

You don't have to attend the meeting.

第22文型

我去过北京
《私は北京へ行ったことがあります》

◆ チェックポイント

"**我＋去＋过**＋場所を表す語句"の文型で、「私は…へ行ったことがある」という意味を表します。英語の現在完了形の中の「経験」を表す用法にあたります。

"**过**"〈guo クオ〉は、動詞のすぐあとについて、経験相を示す助詞です。

また、否定文は、動詞の前に"**没（有）**"〈méi (you)メイ（ヨウ）〉を置きます。力だめしとして作文してみて下さい。

◆ 基本例文解析

我　去过　北京。
Wǒ　qùguo　Běijīng.
ウォー　チークオ　ペイチン

I've been to Beijing.
私は北京へ行ったことがあります。

我	去过	北京
I	have been to	Beijing
私	行ったことがあります	北京

★ 例文チェック ★

① 我　去过　中国。
Wǒ　qùguo　Zhōngguó.
ウォー　チークオ　チョングオ

私は中国へ行ったことがあります。
I've been to China.

② 我　去过　加拿大。
Wǒ　qùguo　Jiānádà.
ウォー　チークオ　チャーナーター

私はカナダへ行ったことがあります。
I've been to Canada.

③ 我　去过　法国。
Wǒ　qùguo　Fǎguó.
ウォー　チークオ　ファークオ

私はフランスへ行ったことがあります。
I've been to France.

④ 我　去过　美国。
Wǒ　qùguo　Měiguó.
ウォー　チークオ　メイクオ

私はアメリカへ行ったことがあります。
I've been to America.

⑤ 我　去过　意大利。
Wǒ　qùguo　Yìdàlì.
ウォー　チークオ　イーターリー

私はイタリアへ行ったことがあります。
I've been to Italy.

⑥ 我　去过　北京。
Wǒ　qùguo　Běijīng.
ウォー　チークオ　ペイチン

私は北京へ行ったことがあります。
I've been to Beijing.

⑦ 我　去过　上海。
Wǒ　qùguo　Shànghǎi.
ウォー　チークオ　シャンハイ

私は上海へ行ったことがあります。
I've been to Shanghai.

⑧ 我 去过 香港。
Wǒ qùguo Xiānggǎng.
ウォー チークオ シャンカン

私は香港へ行ったことがあります。
I've been to Hong Kong.

⑨ 我 去过 华盛顿。
Wǒ qùguo Huáshèngdùn.
ウォー チークオ フアシェントゥン

私はワシントンへ行ったことがあります。
I've been to Washington.

⑩ 我 去过 罗马。
Wǒ qùguo Luómǎ.
ウォー チークオ ルオマー

私はローマへ行ったことがあります。
I've been to Rome.

⑪ 我 去过 莫斯科。
Wǒ qùguo Mòsīkē.
ウォー チークオ モースーカー

私はモクスワへ行ったことがあります。
I've been to Moscow.

⑫ 我 去过 平壤。
Wǒ qùguo Píngrǎng.
ウォー チークオ ピンラン

私はピョンヤンへ行ったことがあります。
I've been to Pyongyang.

⑬ 我 学过 考古学。
Wǒ xuéguo kǎogǔxué.
ウォー シュエクオ カオクーシュエ

私は考古学を勉強したことがあります。
I've studied archaeology.

⑭ 我 吃过 北京烤鸭。
Wǒ chīguo Běijīngkǎoyā.
ウォー チークオ ペイチンカオヤー

私はペキンダックを食べたことがあります。
I've had Beijing roast duck.

⑮ **我 喝过 茅台酒。**
Wǒ hēguo máotáijiǔ.
ウォー ハークオ マオタイチュウ

私はマオタイ酒を飲んだことがあります。

I've drunk Maotai "wine".

第23文型　你去过埃及吗?

《あなたはエジプトへ行ったことがありますか？》

◆ チェックポイント

"**你＋去＋过＋**場所を表す語句**＋吗?**"の文型で、「あなたは…へ行ったことがありますか？」という意味を表します。第22文型の主語を"**你**"に代えた疑問形です。

答えには、"**去过**"（肯定）、"**没（有）去过**"のように動詞部分をそのまま用います。

◆ 基本例文解析

你　去过　埃及　吗?
Nǐ　qùguo　Āijí　ma?
ニー　チークオ　アイチー　マ

Have you ever been to Egypt ?
あなたはエジプトへ行ったことがありますか？

你	去过	埃及	吗	?
You	have been to	Egypt	/	?
あなた	行ったことがあります	エジプト	か	?

★ 例文チェック ★

① **你 去过 埃及 吗?**
Nǐ qùguo Āijí ma?
ニー チークオ アイチー マ

あなたはエジプトへ行ったことがありますか?

Have you ever been to Egypt?

② **你 去过 新西兰 吗?**
Nǐ qùguo Xīnxīlán ma?
ニー チークオ シンシーラン マ

あなたはニュージーランドへ行ったことがありますか?

Have you ever been to New Zealand?

③ **你 去过 澳大利亚 吗?**
Nǐ qùguo Aòdàlìyà ma?
ニー チークオ アオターリーヤー マ

あなたはオーストラリアへ行ったことがありますか?

Have you ever been to Australia?

④ **你 去过 泰国 吗?**
Nǐ qùguo Tàiguó ma?
ニー チークオ タイクオ マ

あなたはタイへ行ったことがありますか?

Have you ever been to Thailand?

⑤ **你 去过 沙特阿拉伯**
Nǐ qùguo Shātè'ālābó
ニー チークオ シャーターアーラーポー
吗?
ma?
マ

あなたはサウジアラビアへ行ったことがありますか?

Have you ever been to Saudi Arabia?

⑥ **你 去过 广州 吗?**
Nǐ qùguo Guǎngzhōu ma?
ニー チークオ クアンチョウ マ

あなたは広州へ行ったことがありますか？

Have you ever been to Guangzhou?

---

⑦ **你 去过 南京 吗?**
Nǐ qùguo Nánjīng ma?
ニー チークオ ナンチン マ

あなたは南京へ行ったことがありますか？

Have you ever been to Nanjing?

---

⑧ **你 去过 哈尔滨 吗?**
Nǐ qùguo Hā'ěrbīn ma?
ニー チークオ ハーアーピン マ

あなたはハルピンへ行ったことがありますか？

Have you ever been to Harbin?

---

⑨ **你 去过 武汉 吗?**
Nǐ qùguo Wǔhàn ma?
ニー チークオ ウーハン マ

あなたは武漢へ行ったことがありますか？

Have you ever been to Wuhan?

---

⑩ **你 去过 西安 吗?**
Nǐ qùguo Xī'ān ma?
ニー チークオ シーアン マ

あなたは西安へ行ったことがありますか？

Have you ever been to Xi'an?

---

⑪ **你 去过 大连 吗?**
Nǐ qùguo Dàlián ma?
ニー チークオ ターリエン マ

あなたは大連へ行ったことがありますか？

Have you ever been to Dairen?

⑫ **你 去过 天津 吗?**
Nǐ qùguo Tiānjīn ma ?
ニー チークオ ティエンチン マ

あなたは天津へ行ったことがありますか？

Have you ever been to Tianjin ?

---

⑬ **你 学过 哲学 吗?**
Nǐ xuéguo zhéxué ma ?
ニー シュエクオ チャーシュエ マ

あなたは哲学を勉強したことがありますか？

Have you ever studied philosophy ?

---

⑭ **你 吃过 春卷 吗?**
Nǐ chīguo chūnjuǎn ma ?
ニー チークオ チュンチュアン マ

あなたは春巻きを食べたことがありますか？

Have you ever had spring rolls ?

---

⑮ **你 喝过 绍兴酒 吗?**
Nǐ hēguo shàoxīngjiǔ ma ?
ニー ハークオ シャオシンチュウ マ

あなたは紹興酒を飲んだことがありますか？

Have you ever drunk Shaoxing "wine" ?

第24文型　我在打太极拳

《私は太極拳をしています》

◆ チェックポイント

"**我＋在＋動詞（＋目的語）**"の文型で、「私は…をしています」という意味を表し、英語の現在進行形にあたります。

"**在**"〈zài ツァイ〉は、副詞で、「…している」という意味です。"**在**"のほかに、"**正**"〈zhèng チェン〉、"**正在**"〈zhèngzài チェンツァイ〉が用いられたり、文末に"**呢**"〈ne ナ〉が置かれることもあります。

◆ 基本例文解析

我　　在打　　太极拳。
Wǒ　　zài dǎ　　tàijíquán.
ウォー　ツァイター　タイチーチュアン

I'm doing Tai Chi.

私は太極拳をしています。

我	在打	太极拳
I	am doing	Tai Chi
私	しています	太極拳

★ 例文チェック ★

① 我 在 打 太极拳。
Wǒ zài dǎ tàijíquán.
ウォー ツァイ ター タイチーチュアン

私は太極拳をしています。
I'm doing Tai Chi.

② 我 在 打 电话。
Wǒ zài dǎ diànhuà.
ウォー ツァイ ター ティエンフア

私は電話をしています。
I'm making a phone call.

③ 我 在 看 电视。
Wǒ zài kàn diànshì.
ウォー ツァイ カン ティエンシー

私はテレビを見ています。
I'm watching TV.

④ 我 在 吃 早饭。
Wǒ zài chī zǎofàn.
ウォー ツァイ チー ツァオファン

私は朝食を食べています。
I'm having breakfast.

⑤ 我 在 吃 午饭。
Wǒ zài chī wǔfàn.
ウォー ツァイ チー ウーファン

私は昼食を食べています。
I'm having lunch.

⑥ 我 在 吃 晚饭。
Wǒ zài chī wǎnfàn.
ウォー ツァイ チー ワンファン

私は夕飯を食べています。
I'm having dinner.

⑦ 我 在 喝 咖啡。
Wǒ zài hē kāfēi.
ウォー ツァイ ハー カーフェイ

私はコーヒーを飲んでいます。
I'm drinking coffee.

⑧ 我 在 喝 茉莉花茶。
Wǒ zài hē mòlìhuāchá.
ウォー ツァイ ハー モーリーフアーチャー

私はジャスミン茶を飲んでいます。
I'm drinking jasmin tea.

⑨ 我 在 喝 啤酒。
Wǒ zài hē píjiǔ.
ウォー ツァイ ハー ピーチュウ

私はビールを飲んでいます。
I'm drinking beer.

⑩ 我 在 喝 威士忌酒。
Wǒ zài hē wēishìjìjiǔ.
ウォー ツァイ ハー ウェイシーチーチュウ

私はウイスキーを飲んでいます。
I'm drinking whisky.

⑪ 我 在 喝 可口可乐。
Wǒ zài hē kěkǒukělè.
ウォー ツァイ ハー カーコウカーラー

私はコーラを飲んでいます。
I'm drinking Coke.

⑫ 我 在 听 音乐。
Wǒ zài tīng yīnyuè.
ウォー ツァイ ティン インユエ

私は音楽を聞いています。
I'm listening to music.

⑬ 我 在 听 收音机。
Wǒ zài tīng shōuyīnjī.
ウォー ツァイ ティン ショウインチー

私はラジオを聞いています。
I'm listening to the radio.

⑭ 我 在 学 中文。
Wǒ zài xué Zhōngwén.
ウォー ツァイ シュエ チョンウェン

私は中国語を勉強しています。
I'm studying Chinese.

⑮ 你 在 干 什么？
Nǐ zài kàn shénme?
ニー ツァイ カン シェンマ

あなたは何をしていますか？
What are you doing?

第25文型

你为什么笑？ 🎧43

《あなたはなぜ笑っているのですか？》

◇ **チェックポイント**

"你＋为什么＋動詞（＋目的語）？"の文型で、「あなたはなぜ…ですか？」という意味を表します。

"**为**"〈wèi ウェイ〉は「…のために」、"**什么**"〈shénme シェンマ〉は「何」という意味ですから、"**为什么**"〈wèi shénme ウェイ シェンマ〉は、「何のために」「なぜ」という意味になります。

なお、例文には、進行形を表す"**在**"は特に必要ありません。

◇ **基本例文解析**

你 为 什么 笑？

Nǐ　wèi　shénme　xiào ?
ニー　ウェイ　シェンマ　シャオ

Why are you laughing ?

あなたはなぜ笑っているのですか？

你	为什么	笑	?
You	why	are laughing	?
あなた	なぜ	笑っています	?

★ 例文チェック ★

① **你 为 什么 笑?**
Nǐ wèi shénme xiào?
ニー ウェイ シェンマ シャオ

あなたはなぜ笑っているのですか？

Why are you laughing?

★ "笑"〈xiào シャオ〉：笑う。

② **你 为 什么 哭?**
Nǐ wèi shénme kū?
ニー ウェイ シェンマ クー

あなたはなぜ泣いているのですか？

Why are you crying?

★ "哭"〈kū クー〉：泣く。

③ **你 为 什么 要 学 法国语?**
Nǐ wèi shénme yào xué Fǎguóyǔ?
ニー ウェイ シェンマ ヤオ シュエ ファークオイー

あなたはなぜフランス語を勉強したいのですか？

Why do you want to study French?

★ "要"〈yào ヤオ〉：…したい。動詞の前に置かれて意志を表します。

④ **你 为 什么 要 跟 他 结婚?**
Nǐ wèi shénme yào gēn tā jiéhūn?
ニー ウェイ シェンマ ヤオ ケン ター チエフン

あなたはなぜ彼と結婚したいのですか？

Why do you want to marry him?

⑤ 你 为 什么 喜欢 她?
　 Nǐ　wèi shénme xǐhuan　tā?
　 ニー ウェイ シェンマ シーファン ター

あなたはなぜ彼女のことが好きなのですか?

Why do you like her?

⑥ 你 为 什么 不 喜欢 杰克?
　 Nǐ　wèi shénme bù　xǐhuan　Jiékè?
　 ニー ウェイ シェンマ プー シーファン チエカー

あなたはなぜジャックのことが好きではないのですか?

Why don't you like Jack?

⑦ 你 为 什么 不 喜欢 喝 威士忌酒?
　 Nǐ　wèi shénme bù　xǐhuan　hē　wēishìjìjiǔ?
　 ニー ウェイ シェンマ プー シーファン ハー ウェイシーチーチュウ

あなたはなぜウイスキーが好きではないのですか?

Why don't you like whisky?

⑧ 你 为 什么 讨厌 吃 猪肉?
　 Nǐ　wèi shénme tǎoyàn　chī　zhūròu?
　 ニー ウェイ シェンマ タオイエン チー チューロウ

あなたはなぜ豚肉が嫌いなのですか?

Why do you hate pork?

★ "讨厌"〈tǎoyàn タオイエン〉: 嫌いである。

⑨ 你 为 什么 戒 酒 了?
　 Nǐ　wèi shénme jiè　jiǔ　le?
　 ニー ウェイ シェンマ チエ チュウ ラ

あなたはなぜ酒をやめたのですか?

Why did you quit drinking?

★ "戒"〈jiè チエ〉: やめる、断つ。

⑩ **你 为 什么 戒 烟 了?**
Nǐ wèi shénme jiè yān le?
ニー ウェイ シェンマ チエ イエン ラ

あなたはなぜタバコをやめたのですか？

Why did you quit smoking?

⑪ **你 为 什么 买了 这 本 汉英 词典?**
Nǐ wèi shénme mǎile zhè běn Hàn-Yīng cídiǎn?
ニー ウェイ シェンマ マイラ チャー ペン ハンイン ツーティエン

あなたはなぜこの漢英辞典を買ったのですか？

Why did you buy this Chinese-English dictionary?

★ "了"〈le ラ〉：動詞の後ろに置かれ動作の完了を表します。

⑫ **你 为 什么 没 来 这儿?**
Nǐ wèi shénme méi lái zhèr?
ニー ウェイ シェンマ メイ ライ チャー

あなたはなぜここへ来なかったのですか？

Why didn't you come here?

★ "没"〈méi メイ〉：…しなかった。動作の実現を否定する時に使います。

⑬ **你 为 什么 没 去 那儿?**
Nǐ wèi shénme méi qù nàr?
ニー ウェイ シェンマ メイ チー ナー

あなたはなぜそこへ行かなかったのですか？

Why didn't you go there?

⑭ **你 为 什么 没 去**
Nǐ wèi shénme méi qù
ニー ウェイ シェンマ メイ チー

买 东西?
mǎi dōngxi ?
マイ トンシ

あなたはなぜ買い物に行かなかったのですか？

Why didn't you go shopping ?

---

⑮ **你 为 什么 没 给**
Nǐ wèi shénme méi gěi
ニー ウェイ シェンマ メイ ケイ

我 打 电话?
wǒ dǎ diànhuà ?
ウォー ター ティエンフア

あなたはなぜ私に電話をくれなかったのですか？

Why didn't you call me ?

第26文型 星期日怎么样? 🔵44

《日曜日はどうですか?》

◇ チェックポイント

"A＋怎么样?"の文型で、「Aはどうですか?」という意味を表します。

"怎么样"〈zěnmeyàng ツェンマヤン〉は、「どうですか」と状況を尋ねる疑問代名詞です。

この文型は英語の"How (What) about ＋A ?"にあたる提案の言い方です。

◇ 基本例文解析

星期日 怎么样?
Xīngqīrì　　zěnmeyàng ?
シンチーリー　ツェンマヤン

How about Sunday ?
日曜日はどうですか?

星期日	怎么样	?
Sunday	how about	?
日曜日	どうですか	?

152

★ 例文チェック ★

① 星期日　怎么样？
Xīngqīrì　zěnmeyàng？
シンチーリー　ツェンマヤン

日曜日はどうですか？
How about Sunday?

★日曜日は"**星期天**"〈xīngqītiān シンチーティエン〉という言い方もあります。

② 星期一　怎么样？
Xīngqīyī　zěnmeyàng？
シンチーイー　ツェンマヤン

月曜日はどうですか？
How about Monday?

③ 星期二　怎么样？
Xīngqī'èr　zěnmeyàng？
シンチーアー　ツェンマヤン

火曜日はどうですか？
How about Tuesday?

④ 星期三　怎么样？
Xīngqīsān　zěnmeyàng？
シンチーサン　ツェンマヤン

水曜日はどうですか？
How about Wednesday?

⑤ 星期四　怎么样？
Xīngqīsì　zěnmeyàng？
シンチースー　ツェンマヤン

木曜日はどうですか？
How about Thursday?

⑥ 星期五　怎么样？
Xīngqīwǔ　zěnmeyàng？
シンチーウー　ツェンマヤン

金曜日はどうですか？
How about Friday?

⑦ 星期六　怎么样？
Xīngqīliù　zěnmeyàng？
シンチーリュウ　ツェンマヤン

土曜日はどうですか？
How about Saturday?

⑧ 下　星期三　怎么样?
　Xià　xīngqīsān　zěnmeyàng?
　シャー　シンチーサン　ツェンマヤン

来週の水曜日はどうですか？

How about next Wednesday?

★ "下"〈xià シャー〉：その次の。

⑨ 去　卡拉OK　怎么样?
　Qù　kǎlāōukēi　zěnmeyàng?
　チー　カーラーオウケイ　ツェンマヤン

カラオケに行くのはどうですか？

How about going to karaoke?

⑩ 下　周末　去　看
　Xià　zhōumò　qù　kàn
　シャー　チョウモー　チー　カン
　电影　怎么样?
　diànyǐng　zěnmeyàng?
　ティエンイン　ツェンマヤン

来週末に映画に行くのはどうですか？

How about going to the movies next weekend?

★ "周末"〈zhōumò チョウモー〉：週末。

⑪ 明天　去　买　东西
　Míngtiān　qù　mǎi dōngxi
　ミンティエン　チー　マイ　トンシ
　怎么样?
　zěnmeyàng?
　ツェンマヤン

明日買い物に行くのはどうですか？

How about going shopping tomorrow?

⑫ 去　散步　怎么样?
　Qù　sànbù　zěnmeyàng?
　チー　サンプー　ツェンマヤン

散歩に行くのはどうですか？

How about going for a walk?

⑬ **后天　踢　足球**
　　Hòutiān　tī　zúqiú
　　ホウティエン　ティー　ツーチュウ

怎么样?
zěnmeyàng ?
ツェンマヤン

あさってサッカーをするのはどうですか？

How about playing soccer the day after tomorrow ?

★ "后天"〈hòutiān ホウティエン〉：あさって。

★ "踢"〈tī ティー〉：蹴る、蹴飛ばす。

---

⑭ **卡特　先生　怎么样?**
　　Kǎtè　xiānsheng zěnmeyàng ?
　　カーター　シエンシャン　ツェンマヤン

カーターさんではどうですか？

How about Mr. Carter ?

★候補者として挙げる時などに使える表現です。

---

⑮ **茉莉花茶　怎么样?**
　　Mòlìhuāchá　　zěnmeyàng ?
　　モーリーフアチャー　ツェンマヤン

ジャスミン茶はどうですか？

How about jasmin tea ?

第27文型

你认为早安少女组怎么样?

《あなたはモーニング娘をどう思いますか?》

◇ チェックポイント

"**你**＋**认为**＋A＋**怎么样?**"の文型で、「あなたはAをどう思いますか?」という意味を表します。

"**认为**"〈rènwéi レンウェイ〉は、「考える、思う」という意味です。「あなたはどう思いますか?」は、"**你认为怎么样?**"で、英語の"What do you think?"にあたります。

◇ 基本例文解析

你　认为　早安少女组　怎么样?
Nǐ　rènwéi　Zǎo'ānshàonǚzǔ　zěnmeyàng?
ニー　レンウェイ　ツァオアンシャオニーツー　ツェンマヤン

What do you think of "Morning Musume"?
あなたはモーニング娘をどう思いますか?

你	认为	早安少女组	怎么样	?
You	think	"Morning Musume"	how	?
あなた	思います	モーニング娘	どのように	?

★ 例文チェック ★

① **你 认为 早安少女组 怎么样?**
Nǐ rènwéi Zǎo'ānshàonǚzǔ zěnmeyàng?
ニー レンウェイ ツァオアンシャオニーツー ツェンマヤン

あなたはモーニング娘をどう思いますか？

What do you think of "Morning Musume"?

---

② **你 认为 毛 泽东 怎么样?**
Nǐ rènwéi Máo Zédōng zěnmeyàng?
ニー レンウェイ マオ ツァートン ツェンマヤン

あなたは毛沢東をどう思いますか？

What do you think of Mao Zedong?

---

③ **你 认为 拿破仑 怎么样?**
Nǐ rènwéi Nápòlùn zěnmeyàng?
ニー レンウェイ ナーポールン ツェンマヤン

あなたはナポレオンをどう思いますか？

What do you think of Napoleon?

---

④ **你 认为 墨索里尼 怎么样?**
Nǐ rènwéi Mòsuǒlǐní zěnmeyàng?
ニー レンウェイ モースオリーニー ツェンマヤン

あなたはムッソリーニをどう思いますか？

What do you think of Mussolini?

⑤ 你 认为 日本 怎么样?
Nǐ rènwéi Rìběn zěnmeyàng?
ニー レンウェイ リーペン ツェンマヤン

あなたは日本をどう思いますか？

What do you think of Japan?

---

⑥ 你 认为 中国
Nǐ rènwéi Zhōngguó
ニー レンウェイ チョングオ
怎么样?
zěnmeyàng?
ツェンマヤン

あなたは中国をどう思いますか？

What do you think of China?

---

⑦ 你 认为 美国 怎么样?
Nǐ rènwéi Měiguó zěnmeyàng?
ニー レンウェイ メイクオ ツェンマヤン

あなたはアメリカをどう思いますか？

What do you think of America?

---

⑧ 你 认为 法国
Nǐ rènwéi Fǎguó
ニー レンウェイ ファークオ
怎么样?
zěnmeyàng?
ツェンマヤン

あなたはフランスをどう思いますか？

What do you think of France?

---

⑨ 你 认为 上海
Nǐ rènwéi Shànghǎi
ニー レンウェイ シャンハイ
怎么样?
zěnmeyàng?
ツェンマヤン

あなたは上海をどう思いますか？

What do you think of Shanghai?

⑩ **你 认为 东京**
　Nǐ　rènwéi　Dōngjīng
　ニー　レンウェイ　トンチン
怎么样?
zěnmeyàng ?
　ツェンマヤン

あなたは東京をどう思いますか？

What do you think of Tokyo ?

---

⑪ **你 认为 纽约**
　Nǐ　rènwéi　Niǔyuē
　ニー　レンウェイ　ニューユエ
怎么样?
zěnmeyàng ?
　ツェンマヤン

あなたはニューヨークをどう思いますか？

What do you think of New York ?

---

⑫ **你 认为 民主主义**
　Nǐ　rènwéi　mínzhǔzhǔyì
　ニー　レンウェイ　ミンチューチューイー
怎么样?
zěnmeyàng ?
　ツェンマヤン

あなたは民主主義をどう思いますか？

What do you think of democracy ?

---

⑬ **你 认为 社会主义**
　Nǐ　rènwéi　shèhuìzhǔyì
　ニー　レンウェイ　シャーフイチューイー
怎么样?
zěnmeyàng ?
　ツェンマヤン

あなたは社会主義をどう思いますか？

What do you think of socialism ?

⑭ 你 认为　环境污染 怎么样？
　　Nǐ rènwéi huánjìngwūrǎn zěnmeyàng?
　　ニー レンウェイ フアンチンウーラン ツェンマヤン

あなたは環境汚染について どう思いますか？

What do you think of environmental pollution?

⑮ 你 认为 酸雨 怎么样？
　　Nǐ rènwéi suānyǔ zěnmeyàng?
　　ニー レンウェイ スアンイー ツェンマヤン

あなたは酸性雨についてどう思いますか？

What do you think of acid rain?

第28文型 请给我一杯葡萄酒
《ワインを1杯ください》

◇ チェックポイント

"请+给+我+A" の文型で、「Aをください」という意味を表します。

"请"〈qǐng チン〉は、動詞の前に置かれ「どうぞ…してください」という意味を表し、英語の "please" にあたります。

"给"〈gěi ケイ〉は、「与える」という意味で、英語の "give" にあたります。

この文型は英語の、"Please give me ＋ A."、"Please bring me ＋ A." にあたりますが、買物や食事の注文の時などは、"A, please." が易しい言い方です。

◇ 基本例文解析

请 给 我 一 杯 葡萄酒。
Qǐng gěi wǒ yì bēi pútaojiǔ.
チン ケイ ウォー イー ペイ プータオチュウ

A glass of wine, please.
ワインを1杯ください。

请	给	我	一 杯	葡萄酒
Please	give	me	a glass of	wine
どうぞ	与える	私	1杯	ワイン

★ 例文チェック ★

① 请 给 我 一 杯 葡萄酒。
Qǐng gěi wǒ yì bēi pútaojiǔ.
チン ケイ ウォー イー ペイ プータオチュウ

ワインを1杯ください。
A glass of wine, please.

---

② 请 给 我 两 瓶 啤酒。
Qǐng gěi wǒ liǎng píng píjiǔ.
チン ケイ ウォー リャン ピン ピーチュウ

ビールを2本ください。
Two bottles of beer, please.

---

③ 请 给 我 三 瓶 矿泉水。
Qǐng gěi wǒ sān píng kuànquánshuǐ.
チン ケイ ウォー サン ピン クアンチュアンシュイ

ミネラルウォーターを3本ください。
Three bottles of mineral water, please.

---

④ 请 给 我 绿茶。
Qǐng gěi wǒ lǜchá.
チン ケイ ウォー ルーチャー

緑茶をください。
Green tea, please.

---

⑤ 请 给 我 乌龙茶。
Qǐng gěi wǒ wūlóngchá.
チン ケイ ウォー ウーロンチャー

ウーロン茶をください。
Oolong tea, please.

⑥ 请 给 我 四 个 桃子。
Qǐng gěi wǒ sì ge táozi.
チン ケイ ウォー スー ガ タオツ

モモを4つください。
Four peaches, please.

---

⑦ 请 给 我 五公斤 牛肉。
Qǐng gěi wǒ wǔ gōngjīn niúròu.
チン ケイ ウォー ウー コンチン ニュウロウ

牛肉5キロください。
Five kilograms of beef, please.

★ "公斤"〈gōngjīn コンチン〉：キログラム。

⑧ 请 给 我 六 个 热狗。
Qǐng gěi wǒ liù ge règǒu.
チン ケイ ウォー リュウ ガ ジャーコウ

ホットドッグ6個ください。
Six hot dogs, please.

---

⑨ 请 给 我 七 块 肥皂。
Qǐng gěi wǒ qī kuài féizào.
チン ケイ ウォー チー クアイ フェイツァオ

石鹸7つ下さい。
Seven cakes of soap, please.

★ "块"〈kuài クアイ〉：塊状になっているものを表す量詞です。

⑩ 请 给 我 八 升 酱油。
Qǐng gěi wǒ bā shēng jiàngyóu.
チン ケイ ウォー パー シェン チャンヨウ

しょうゆ8リットルください。
Eight liters of soy sauce, please.

★ "升"〈shēng シェン〉：リットル。

⑪ 请 给 我 九 袋 盐。
Qǐng gěi wǒ jiǔ dài yán.
チン ケイ ウォー チュウ タイ イエン

塩を9袋ください。
Nine bags of salt, please.

★ "袋"〈dài タイ〉：袋入りの物を表す量詞です。

⑫ 请 给 我 十 把 剪刀。
Qǐng gěi wǒ shí bǎ jiǎndāo.
チン ケイ ウォー シー パー チエンタオ

ハサミを10丁ください。
Ten pairs of scissors, please.

---

⑬ 请 给 我 三 把 香蕉。
Qǐng gěi wǒ sān bǎ xiāngjiāo.
チン ケイ ウォー サン パー シャンチャオ

バナナ3房ください。
Three bunches of bananas, please.

★ "把"〈bǎ パー〉：房や束になっている物を表す量詞です。

⑭ 请 给 我 五 碟
Qǐng gěi wǒ wǔ dié
チン ケイ ウォー ウー ティエ

春卷。
chūnjuǎn.
チュンチュアン

春巻き5皿ください。
Five plates of spring rolls, please.

★ "碟"〈dié ティエ〉：皿に盛られた料理などを表す量詞です。

⑮ 请 给 我 菜单。
Qǐng gěi wǒ càidān.
チン ケイ ウォー ツァイタン

メニューを見せてください。
The menu, please.

第29文型 我需要你
《僕には君が必要なんだ》

◇ チェックポイント

"**我＋需要＋A**"の文型で、「私はAを必要としている」という意味を表します。

"**需要**"〈xūyào シーヤオ〉は、「必要である、要する」という意味の動詞で、英語の"need"にあたります。

目的語には物だけでなく人も来ます。名詞では日本語と同じ「需要」という意味です。

◇ 基本例文解析

我　需要　你。
Wǒ　xūyào　nǐ.
ウォー　シーヤオ　ニー

I need you.
僕には君が必要なんだ。

我	需要	你
I	need	you
私	必要とします	あなた

★ 例文チェック ★

① 我 需要 你。
Wǒ xūyào nǐ.
ウォー シーヤオ ニー

僕には君が必要なんだ。
I need you.

★英語でも中国語でも愛情表現としても使われます。もしもの場合に備えて覚えておきましょう。

② 我 需要 说 日本话 的 向导。
Wǒ xūyào shuō Rìběnhuà de xiàngdǎo.
ウォー シーヤオ シュオー リーペンフア ダ シャンタオ

私は日本語を話すガイドが必要です。
I need a Japanese-speaking guide.

★ "的"〈de ダ〉：構造助詞で英語の関係代名詞の働きをしています。

★ "向导"〈xiàngdǎo シャンタオ〉：ガイド。

③ 我 需要 两 个 会 说 英语 的 医生。
Wǒ xūyào liǎng ge huì shuō Yīngyǔ de yīshēng.
ウォー シーヤオ リャン ガ フイ シュオー インイー ダ イーシャン

私は英語が話せる医者が2人必要です。
I need two doctors who can speak English.

④ 我 需要 翻译。
Wǒ xūyào fānyì.
ウォー シーヤオ ファンイー

私は通訳が必要です。
I need an interpreter.

⑤ 我 需要 秘书。
Wǒ xūyào mìshū.
ウォー シーヤオ ミーシュー

私は秘書が必要です。
I need a secretary.

⑥ 我 需要 出租 汽车。
Wǒ xūyào chūzū qìchē.
ウォー シーヤオ チューツー チーチャー

私はタクシーが必要です。
I need a taxi.

⑦ 我 需要 英汉 词典。
Wǒ xūyào Yīng-Hàn cídiǎn.
ウォー シーヤオ インハン ツーティエン

私は英漢辞典が必要です。
I need an English-Chinese dictionary.

⑧ 我 需要 二十 个 鸡蛋。
Wǒ xūyào èrshí ge jīdàn.
ウォー シーヤオ アーシー ガ チータン

私は卵が20個必要です。
I need twenty eggs.

⑨ 我 需要 一 条 白 领带。
Wǒ xūyào yì tiáo bái lǐngdài.
ウォー シーヤオ イー ティャオ パイ リンタイ

私は白いネクタイが1本必要です。
I need a white tie.

⑩ 我 需要 四 条 裤子。
Wǒ xūyào sì tiáo kùzi.
ウォー シーヤオ スー ティアオ クーツ

私はズボンが4本必要です。
I need four pairs of pants.

⑪ 我 需要 一 双 鞋。
Wǒ xūyào yì shuāng xié.
ウォー シーヤオ イー シュアン シエ

私は靴が1足必要です。
I need a pair of shoes.

⑫ 我 需要 两 条 红 裙子。
Wǒ xūyào liǎng tiáo hóng qúnzi.
ウォー シーヤオ リャン ティャオ ホン チュンツ

私は赤いスカートが2枚必要です。

I need two red skirts.

★スカートを表す量詞は、"件"〈jiàn チエン〉ではなくて"条"〈tiáo ティャオ〉です。

⑬ 我 需要 三 枝 粉笔。
Wǒ xūyào sān zhī fěnbǐ.
ウォー シーヤオ サン チー フェンピー

私はチョークが3本必要です。

I need three pieces of chalk.

★ "枝"〈zhī チー〉：棒状の細長い物を表す量詞です。

⑭ 我 需要 三 个 信息。
Wǒ xūyào sān ge xìnxī.
ウォー シーヤオ サン ガ シンシー

私は3つの情報が必要です。

I need three pieces of information.

★ "informations"とは言わないことに注意しましょう。

⑮ 你 需要 什么？
Nǐ xūyào shénme?
ニー シーヤオ シェンマ

あなたは何が必要ですか？

What do you need?

第30文型 这个多少钱? 48

《これはいくらですか？》

◇ チェックポイント

"Ａ＋多少＋钱？"の文型で、「Ａはいくらですか？」という意味を表します。

"**多少**"〈duōshao トゥオシャオ〉は、「いくら、どれほど」、"**钱**"〈qián チエン〉は、「お金」という意味です。

"**元**"〈yuán ユアン〉は、よく知られた中国のお金の単位ですが、1元は約15円です。

紙幣には、1元、2元、5元、10元、50元、100元の6種類があります。

◇ 基本例文解析

这个　　多少　　钱？
Zhège　　duōshao　　qián ?
チャーガ　トゥオシャオ　チエン

How much is this?
これはいくらですか？

这个	多少	钱	？
This	how much	money	？
これ	どれほど	お金	？

★ 例文チェック ★

① **这个 多少 钱？**
Zhège duōshao qián?
チャーガ トゥオシャオ チエン

これはいくらですか？
How much is this?

★ "这个"〈zhège チャーガ〉：これ、それ。近くにある物を指す指示代名詞です。
"那个"〈nàge ナーガ〉は、遠くにある物を指す指示代名詞で、「あれ、それ」という意味です。

② **那个 多少 钱？**
Nàge duōshao qián?
ナーガ トゥオシャオ チエン

あれはいくらですか？
How much is that?

③ **这 本 中日 词典 多少 钱？**
Zhè běn Zhōng-Rì cídiǎn duōshao qián?
チャー ペン チョンリー ツーティエン トゥオシャオ チエン

この中日辞典はいくらですか？
How much is this Chinese-Japanese dictionary?

④ **这 本 英汉 词典 多少 钱？**
Zhè běn Yīng-Hàn cídiǎn duōshao qián?
チャー ペン インハン ツーティエン トゥオシャオ チエン

この英漢辞典はいくらですか？
How much is this English-Chinese dictionary?

⑤ **这个 花瓶 多少 钱？**
Zhège huāpíng duōshao qián?
チャーガ フアピン トゥオシャオ チエン

この花瓶はいくらですか？

How much is this vase?

---

⑥ **这 块 手表 多少 钱？**
Zhè kuài shǒubiǎo duōshao qián?
チャー クアイ ショウピャオ トゥオシャオ チエン

この腕時計はいくらですか？

How much is this watch?

---

⑦ **这 张 桌子 多少 钱？**
Zhè zhāng zhuōzi duōshao qián?
チャー チャン チュオーツ トゥオシャオ チエン

このテーブルはいくらですか？

How much is this table?

---

⑧ **这 架 照相机 多少 钱？**
Zhè jià zhàoxiàngjī duōshao qián?
チャー チャー チャオシャンチー トゥオシャオ チエン

このカメラはいくらですか？

How much is this camera?

⑨ 这 架 数码相机 多少 钱?
Zhè jià shùmǎxiàngjī duōshao qián?
チャー チャー シューマーシャンチー トゥオシャオ チエン

このデジタルカメラはいくらですか？

How much is this digital camera?

⑩ 这 架 收音机 多少 钱?
Zhè jià shōuyīnjī duōshao qián?
チャー チャー ショウインチー トゥオシャオ チエン

このラジオはいくらですか？

How much is this radio?

⑪ 这 台 电脑 多少 钱?
Zhè tái diànnǎo duōshao qián?
チャー タイ ティエンナオ トゥオシャオ チエン

このパソコンはいくらですか？

How much is this personal computer?

⑫ 这 把 雨伞 多少 钱?
Zhè bǎ yǔsǎn duōshao qián?
チャー パー イーサン トゥオシャオ チエン

この傘はいくらですか？

How much is this umbrella?

⑬ 这 件 T恤衫 多少 钱？
Zhè jiàn tīxùshān duōshao qián？
チャー チエン ティーシーシャン トゥオシャオ チエン

このTシャツはいくらですか？

How much is this T-shirt？

⑭ 这 件 迷你裙 多少 钱？
Zhè jiàn mínǐqún duōshao qián？
チャー チエン ミーニーチュン トゥオシャオ チエン

このミニスカートはいくらですか？

How much is this miniskirt？

⑮ 一共 多少 钱？
Yígòng duōshao qián？
イーコン トゥオシャオ チエン

全部でいくらですか？

How much is it all together？

★ "一共"〈yígòng イーコン〉：全部で、合わせて。

Part Ⅲ

すぐに使えるイケてる表現集

　基本30文型に目を通されて、中国語にかなり自信がついたことと思います。どうでしょうか？

　Part Ⅲでは、日常会話でよく使われる表現を項目別にまとめています。

　その多くが基本30文型を応用すればすぐに使えることに気付かれることでしょう。

　書店で手に入る会話書の欠点は、文法や語句の注がないものが多いということです。ひとつの文がなぜこういう意味になるのかがわからないで、丸暗記することほど、時間とエネルギーの浪費はありません。

　そこでこの表現集には、文法や語句の注を紙面が許す範囲で付けてあります。大いに活用してください。

※Part Ⅲの例文は、
別売CD『中学英語でペラペラ中国語　すぐに使えるイケてる表現集』
(ISBN4-411-03009-8)（定価1575円）に収録しています。

1. あいさつの表現

《出会いのあいさつ》 🎵2

① **你 好。**
Nǐ hǎo.
ニー ハオ

こんにちは。(おはようございます。こんばんは)
Hello./Hi.

★中国語、英語ともに一日中使える表現です。

★相手に対する尊敬の気持ちを表す時は、"**您 好。**"〈Nín hǎo ニン ハオ〉を使います。

★複数の相手に対しては、"**你们 好。**"〈Nǐmen hǎo ニーメン ハオ〉を使います。"**你们**"は"**你**"の複数形です。ただし、"**您们 好。**"〈Nínmen hǎo ニンメン ハオ〉という言い方はありません。

★"**你 好。**"に対しては、同じように"**你 好。**"と答えましょう。黙っているのはよくありません。

② **杰克, 你 好。**
Jiékè, nǐ hǎo.
チエカー ニー ハオ

ジャック、こんにちは。
(おはよう。こんばんは)
Hello, Jack.

③ **露西, 你 好。**
Lùxī, nǐ hǎo.
ルーシー ニー ハオ

ルーシー、こんにちは。
(おはよう。こんばんは)
Hello, Lucy.

④ **你 好 吗?**
Nǐ hǎo ma?
ニー ハオ マ

元気ですか?
How are you?

★英語では「どう、元気？ 調子はどう？」くらいのニュアンスで次のような言い方もあります。

  How are you doing ?

  How's it going ?

  How's everything ?

  How's everything going ?

⑤ 我 很 好。
Wǒ hěn hǎo.
ウォー ヘン ハオ

元気です。
I'm fine.

★「あなたはどうですか？」(How about you ?／And you ?) と聞き返す時には、"你 怎么样?"〈Nǐ zěnmeyàng ニーツェンマヤン〉、"你 呢?"〈Nǐ ne ニーナ〉が使えます。

★「私も元気です。」(I'm fine, too.) と言いたい時は、"我 也 很 好。"〈Wǒ yě hěn hǎo ウォー イエ ヘン ハオ〉が使えます。"也"〈yě イエ〉は、「…も…である」という意味を表し、英語の "too" にあたります。

⑥ 你 早。
Nǐ zǎo.
ニー ツァオ

おはようございます。
Good morning.

★親しい間柄では、"早"〈zǎo ツァオ〉だけでも使えます。

⑦ 斯科特, 你 早。
Sīkētè, nǐ zǎo.
スーカーター ニー ツァオ

スコット、おはよう。
Good morning, Scott.

⑧ 张　先生，你　早。
Zhāng xiānsheng, nǐ zǎo.
チャン シエンシェン ニー ツァオ

張さん、おはようございます。
Good morning, Mr.Zhang.

⑨ 早上　好，布朗
Zǎoshang hǎo, Bùlǎng
ツァオシャン ハオ プーラン
小姐。
xiǎojie.
シャオチエ

ブラウンさん、おはようございます。
Good morning, Miss Brown.

★ 「おはようございます」には、"早上 好"という言い方もあります。

⑩ 下午　好。
Xiàwǔ hǎo.
シャーウー ハオ

こんにちは。
Good afternoon.

★ "下午"〈xiàwǔ シャーウー〉：午後、昼過ぎ。

⑪ 马克，下午　好。
Mǎkè, xiàwǔ hǎo.
マーカー シャーウー ハオ

マーク、こんにちは。
Good afternoon, Mark.

⑫ 晚上　好。
Wǎnshang hǎo.
ワンシャン ハオ

こんばんは。
Good evening.

★ "晚上"〈wǎnshang ワンシャン〉：夕方、晩、夜。

⑬ **加山 先生, 晚上好。**
Jiāshān xiānsheng, wǎnshang hǎo.
チャーシャン シエンシャン ワンシャン ハオ

加山さん、こんばんは。
Good evening, Mr.Kayama.

⑭ **好久 不 见 了。**
Hǎojiǔ bú jiàn le.
ハオチュウ プー チエン ラ

お久しぶりですね。
Long time no see.

★ "好久"〈hǎojiǔ ハオチュウ〉：長い間。

★ "见"〈jiàn チエン〉：会う、顔を合わせる。

★英語では次のような言い方もあります。

> I haven't seen you for ages.
>
> I haven't seen you for a long time.
>
> It's been a long time.
>
> It's been ages.

⑮ **布鲁斯, 好久 不 见 了。**
Bùlǔsī, hǎojiǔ bú jiàn le.
プールースー ハオチュウ プー チエン ラ

ブルース、久しぶりね。
I haven't seen you for a long time, Bruce.

⑯ **你 最近 怎么样？**
Nǐ zuìjìn zěnmeyàng?
ニー ツイチン ツェンマヤン

近頃どうですか？
How have you been lately?

★ "最近"〈zuìjìn ツイチン〉：最近、この頃。

⑰ **老 样子。** 相変わらずです。
Lǎo yàngzi. The same as usual.
ラオ ヤンツ

- ★ "老"〈lǎo ラオ〉：いつもの。
- ★ "样子"〈yàngzi ヤンツ〉：様子、状況。
- ★ "the"は省略されることもあります。

⑱ **初次 见面。** はじめまして。
Chūcì jiànmiàn. How do you do？
チューツー チエンミエン

- ★ "初次"〈chūcì チューツー〉：初回、初めて。
- ★ "见面"〈jiànmiàn〉：対面する、顔を合わせる。

⑲ **认识 你 很 高兴。** お会いできて（お知り合い
Rènshi nǐ hěn gāoxìng. になれて）うれしいです。
レンシー ニー ヘン カオシン Nice to meet you.

- ★ "认识"〈rènshi レンシー〉：見知る、会う。
- ★ "很"〈hěn ヘン〉：形容詞の前に置かれる副詞です。形容詞の座りをよくする働きをしていて、本来の「とても、たいへん」の意味はありません。ただし、強く発音すれば「とても、たいへん」の意味が出てきます。
- ★ "高兴"〈gāoxìng カオシン〉：うれしい、機嫌がいい。

⑳ **认识 你 我 也 很**
Rènshi nǐ wǒ yě hěn
レンシー ニー ウォー イエ ヘン
高兴。
gāoxìng.
カオシン

こちらこそお会いできて（お知り合いになれて）うれしいです。

Nice to meet you, too.

㉑ **请 多　　关照。**
Qǐng duō guānzhào.
チン トゥオー クアンチャオ

どうぞよろしくお願いします。

Very glad to meet you.

★ "关照"〈guānzhào クアンチャオ〉：面倒を見る、世話をする。

★ 具体的な行為を伴わない初対面のあいさつとしての「どうぞよろしくお願いします」には、英語の "Very glad to meet you." などがあたります。

《別れのあいさつ》 ③

㉒ **很 高兴 跟 你**
Hěn gāoxìng gēn nǐ
ヘン カオシン ケン ニー
谈话。
tánhuà.
タンフア

お話しできてうれしかったです。

It's been nice talking to you.

★ "谈话"〈tánhuà タンフア〉：話をする。

㉓ **很 高兴 见到 你。**
Hěn gāoxìng jiàndào nǐ.
ヘン カオシン チエンタオ ニー

お会いできてうれしかったです。
It's been nice seeing you.

★ "到"〈dào タオ〉:"動詞＋到"の形で動作の達成を表します。

㉔ **再见。**
Zàijiàn.
ツァイチエン

さようなら。
Good-bye.

㉕ **慢走。**
Mànzǒu.
マンツォウ

気をつけてね。(気をつけて帰ってね)
Take care.

㉖ **明天 见。**
Míngtiān jiàn.
ミィンティエン チエン

また明日。
See you tomorrow.

★会う日を文頭に置きます。

㉗ **星期三 见。**
Xīngqīsān jiàn.
シンチーサン チエン

また水曜日に。
See you on Wednesday.

㉘ **下星期 见。**
Xiàxīngqī jiàn.
シャーシンチー チエン

また来週。
See you next week.

㉙ **京都 见。**
Jīngdū jiàn.
チントゥー チエン

京都でまたお会いしましょう。
See you in Kyoto.

★会う場所を文頭に置きます。

㉚ **北京　见。**
Běijīng　jiàn.
ペイチン チエン

北京でまたお会いしましょう。

See you in Beijng.

㉛ **下次　见。**
Xiàcì　jiàn.
シャーツー チエン

またお会いしましょう。

See you again.

★ "下次"〈xiàcì シャーツー〉：次回、この次。

㉜ **请　向　珍妮弗　问好。**
Qǐng xiàng Zhēnnīfú
チン　シャン チェンニーフー
wènhǎo.
ウェンハオ

ジェニファーによろしく伝えてね。

Give my best regards to Jennifer.

★ "向"〈xiàng シャン〉：…に対して。

★ "问好"〈wènhǎo ウェンハオ〉：よろしく言う、ご機嫌を伺う。

★英語では次のような言い方もあります。

　　Say hello to Jennifer.

　　Give my love to Jennifer.

　　Give my best wishes to Jennifer.

㉝ **晚安。**
Wǎn'ān.
ワンアン

お休みなさい。

Good night.

2．紹介の表現

《名前》

㉞ 我　叫　吉冈　美穂。
　Wǒ　jiào　Jígāng　Měisuì.
　ウォー　チャオ　チーカン　メイスイ

私は吉岡美穂です。
I'm Miho Yoshioka.

★ "叫"〈jiào チャオ〉：名前が…である。

★ "叫" の代わりに第１文型で勉強した、"是" を用いても構いません。

★ 姓だけを述べる時は、"我 姓 吉冈。"〈Wǒ xìng Jígāng ウォー シン チーカン〉（私は吉岡と申します。）のように言います。"姓"〈xìng シン〉は「姓、氏」という意味です。

㉟ 我　姓 青木，名字
　Wǒ　xìng Qīngmù, míngzi
　ウォー　シン チンムー ミンツ
　叫　裕子。
　jiào　Yùzǐ
　チャオ　イーツ

私は姓が青木で、名は裕子です。

My last name is Aoki, and my first name is Yuko.

★ "名字"〈míngzi ミンツ〉：名、名前。㊱のようにフルネームとしても使われます。

㊱ **我 的名字 是 青木 裕子。**
Wǒ de míngzi shì Qīngmù Yùzǐ.
ウォー ダ ミンツ シー チンムー イーツ

私の名前は青木裕子です。
My name's Yuko Aoki.

㊲ **我 叫 山本 花子。叫 我 花子 好 了。**
Wǒ jiào Shānběn Huāzǐ. Jiào wǒ Huāzǐ hǎo le.
ウォー チャオ シャンペン フアーツ チャオ ウォー フアーツ ハオ ラ

私は山本花子です。花子と呼んでください。
I'm Hanako Yamamoto. Just call me Hanako.

★ "叫"〈jiào チャオ〉は、「…を〜と呼ぶ」という意味で、英語の"call"にあたります。

★ "好 了"〈hǎo le ハオ ラ〉をつけることで、"just"の意味が伝わります。

《国籍》

㊳ **我 是 日本人。**
Wǒ shì Rìběnrén.
ウォー シー リーペンレン

私は日本人です。
I'm Japanese.

㊴ 我 是 从 日 本 来 的。

Wǒ shì cóng Rìběn lái de.

ウォー シー ツォン リーペン ライ ダ

私は日本から来ました。
I'm from Japan.

★ "从"〈cóng ツォン〉：（ある場所）から。

★ "是…的"で強調構文です。強調されるのは動詞以外の部分ですから、"从日本"「日本から」に焦点が置かれます。

★次の国名で置き換え練習をしましょう。

美国〈Měiguó メイクオ〉：アメリカ（America）

加拿大〈Jiānádà チャーナーター〉：カナダ（Canada）

墨西哥〈Mòxīgē モーシーカー〉：メキシコ（Mexico）

英国〈Yīngguó インクオ〉：イギリス（England）

德国〈Déguó タークオ〉：ドイツ（Germany）

法国〈Fǎguó ファークオ〉：フランス（France）

中国〈Zhōngguó チョングオ〉：中国（China）

韩国〈Hánguó ハンクオ〉：韓国（South Korea）

泰国〈Tàiguó タイクオ〉：タイ（Thailand）

印度〈Yìndù イントゥー〉：インド（India）

《誕生年、干支、年齢》

㊵ 我　一九九九　年　生　在　大阪。
Wǒ yījiǔjiǔjiǔ nián shēng zài Dàbǎn.
ウォー イーチュウチュウチュウ ニエン シェン ツァイ ターパン

私は1999年に大阪で生まれました。

I was born in Osaka in 1999.

★ "生"〈shēng シェン〉：生まれる。

★ "在"〈zài ツァイ〉：(ある場所) で。

㊶ 我　属　猴。
Wǒ shǔ hóu.
ウォー シュウ ホウ

私は申年生まれです。

I'm a Monkey.
I was born in the year of the Monkey.

★ "属"〈shǔ シュウ〉：動詞では「属する」という意味がありますが、干支で生まれた年を表す時にも使われます。

★ 英語では、不定冠詞 ("a" ／ "an") と定冠詞 ("the") の使い分けに注意しましょう。

★ 次の干支を表す語で置き換え練習をしましょう。

　　鼠〈shǔ シュウ〉：子（**Rat**）

　　牛〈niú ニュウ〉：丑（**Ox**）

　　虎〈hǔ フー〉：寅（**Tiger**）

　　兔〈tù トゥー〉：卯（**Rabbit**）

　　龙〈lóng ロン〉：辰（**Dragon**）

　　蛇〈shé シェー〉：巳（**Serpent**）

　　马〈mǎ マー〉：午（**Horse**）

羊〈yáng ヤン〉:未(Sheep)

鸡〈jī チー〉:酉(Cock)

狗〈gǒu コウ〉:戌(Dog)

猪〈zhū チュー〉:亥(Boar)

★占星術の黄道12宮は次の通りです。

1. Aries 牡羊座（3月21日～4月20日）
2. Taurus 牡牛座（4月21日～5月21日）
3. Gemini ふたご座（5月22日～6月21日）
4. Cancer かに座（6月22日～7月22日）
5. Leo しし座（7月23日～8月23日）
6. Virgo 乙女座（8月24日～9月23日）
7. Libra 天秤座（9月24日～10月23日）
8. Scorpio さそり座（10月24日～11月22日）
9. Sagittarius 射手座（11月23日～12月21日）
10. Capricorn やぎ座（12月22日～1月21日）
11. Aquarius みずがめ座（1月22日～2月19日）
12. Pisces うお座（2月20日～3月20日）

㊷ 我（是）二十五 岁。 私は25歳です。
Wǒ (shì) èrshiwǔ suì. I'm twenty-five years old.
ウォー（シー）アーシーウー スイ

★月日や年齢を表す時、"是"はよく省略されます。ただし、否定文では省略できません。

㊸ 我 不 是 三十 岁。 私は30歳ではありません。
Wǒ bú shì sānshí suì. I'm not thirty years old.
ウォー プー シー サンシー スイ

㊹ 我 的 生日 四月 八 号。
　　Wǒ de shēngrì sìyuè bā hào.
　　ウォー ダ シェンリー スーユエ パー ハオ

私の誕生日は4月8日です。

My birthday is on the 8th of April.

★ "生日"〈shēngrì シェンリー〉：誕生日、生年月日。

《身分、職業》 7

㊺ 我 是 学生。
　　Wǒ shì xuésheng.
　　ウォー シー シュエシェン

私は学生です。

I'm a student.

㊻ 我 是 大学生。
　　Wǒ shì dàxuésheng.
　　ウォー シー ターシュエシェン

私は大学生です。

I'm a college student.

㊼ 我 是 大学 一 年级 学生。
　　Wǒ shì dàxué yì niánjí xuésheng.
　　ウォー シー ターシュエ イー ニエンチー シュエシェン

私は大学1年生です。

I'm a freshman at college.

㊽ 我 是 大学 二 年级 学生。
　Wǒ shì dàxué èr niánjí xuésheng.
　ウォー シー ターシュエ アー ニエンチー シュエシェン

私は大学2年生です。
I'm a sophomore at college.

㊾ 我 是 大学 三 年级 学生。
　Wǒ shì dàxué sān niánjí xuésheng.
　ウォー シー ターシュエ サン ニエンチー シュエシェン

私は大学3年生です。
I'm a junior at college.

㊿ 我 是 大学 四 年级 学生。
　Wǒ shì dàxué sì niánjí xuésheng.
　ウォー シー ターシュエ スー ニエンチー シュエシェン

私は大学4年生です。
I'm a senior at college.

㈤ 我 是　　研究生。
　Wǒ shì yánjiūshēng.
　ウォー シー イエンチュウシェン

私は大学院生です。
I'm a graduate student.

★ "研究生"〈yánjiūshēng イエンチュウシェン〉：大学院生。

㊾ **我 是 芝加哥 大学**
Wǒ shì Zhījiāgē Dàxué
ウォー シー チーチャーカー ターシェエ
的 学生。
de xuésheng.
ダ シュエシェン

私はシカゴ大学の学生です。
I'm a student at Chicago University.

㊿ **我 的 专业 是**
Wǒ de zhuānyè shì
ウォー ダ チュアンイエ シー
英文。
Yīngwén.
インウェン

私の専攻は英語です。
My major is English.

★ "专业"〈zhuānyè チュアンイエ〉：専攻。

★次の科目名で置き換え練習をしましょう。

  语言学〈yǔyánxué イーイエンシュエ〉：言語学（linguistics）
  心理学〈xīnlǐxué シンリーシュエ〉：心理学（psychology）
  法学〈fǎxué ファーシュエ〉：法学（law）
  哲学〈zhéxué チャーシュエ〉：哲学（philosophy）
  文学〈wénxué ウェンシュエ〉：文学（literature）
  经济学〈jīngjìxué チンチーシュエ〉：経済学（economics）
  化学〈huàxué フアシュエ〉：化学（chemistry）
  物理学〈wùlǐxué ウーリーシュエ〉：物理学（physics）
  生物学〈shēngwùxué シェンウーシュエ〉：生物学（biology）
  医学〈yīxué イーシュエ〉：医学（medicine）

㊹ **我 在 大学 专攻**
　　Wǒ zài dàxué zhuāngōng
　　ウォー ツァイ ターシュエ チュアンコン
英文 呢。
Yīngwén ne.
インウェン ナ

私は大学で英語を専攻しています。

I'm majoring in English at college.

★ "专攻"〈zhuāngōng チュアンコン〉：専攻する。

★ "呢"〈ne ナ〉：文末に置かれ進行形の意味を表します。

㊺ **我 在 北京 大学**
　　Wǒ zài Běijīng Dàxué
　　ウォー ツァイ ペイチン ターシュエ
专攻 中文 呢。
zhuāngōng Zhōngwén ne.
チュアンコン チョンウェン ナ

私は北京大学で中国語を専攻しています。

I'm majoring in Chinese at Beijing University.

㊻ **我 毕业 于 布朗**
　　Wǒ bìyè yú Bùlǎng
　　ウォー ピーイエ イー プーラン
大学。
Dàxué.
ターシュエ

私はブラウン大学を卒業しました。

I graduated from Brown University.

★ "毕业"〈bìyè ピーイエ〉：卒業する。

★ "于"〈yú イー〉：…から。行為のなされる場所を示します。

㊼ **我 是 公司 职员。**
　　Wǒ shì gōngsī zhíyuán.
　　ウォー シー コンスー チーユアン

私はサラリーマンです。

I'm an office worker.

㊹ 我　在　银行　工作。　　私は銀行に勤めています。
　　Wǒ　zài　yínháng gōngzuò.　I work for a bank.
　　ウォー ツァイ インハン コンツオ

★ "工作"〈gōngzuò コンツオ〉：働く、仕事をする。

★ 場所を表す語句は動詞の前に置くことに注意しましょう。

㊾ 我　在　岐阜　银行　　私は岐阜銀行に勤めていま
　　Wǒ　zài　Qífù　Yínháng　す。
　　ウォー ツァイ チーフー インハン
　　工作。　　　　　　　　　I work for Gifu Bank.
　　gōngzuò.
　　コンツオ

㊿ 我　在　保险　公司　　私は保険会社に勤めていま
　　Wǒ　zài　bǎoxiǎn　gōngsī　す。
　　ウォー ツァイ パオシエン コンスー
　　工作。　　　　　　　　　I work for an insurance
　　gōngzuò.　　　　　　　　company.
　　コンツオ

㊽ 我　在　夏普　电机　　私はシャープ電機に勤めて
　　Wǒ　zài　Xiàpǔ　Diànjī　います。
　　ウォー ツァイ シャープー ティエンチー
　　工作。　　　　　　　　　I work for Sharp Electric.
　　gōngzuò.
　　コンツオ

★ "夏普"〈Xiàpǔ シャープ〉は「シャープ」の音を中国語にしたものです。

㉖ 我 在 贸易 公司 工作。
Wǒ zài màoyì gōngsī gōngzuò.
ウォー ツァイ マオイー コンスー コンツオ

私は貿易会社に勤めています。

I work for a trading company.

《住まい》 🔘₈

㉖ 我 住 在 东京。
Wǒ zhù zài Dōngjīng.
ウォー チュー ツァイ トンチン

私は東京に住んでいます。

I live in Tokyo.

★ "住"〈zhù チュー〉:住む。

㉖ 我 住 在 东京 的 品川区。
Wǒ zhù zài Dōngjīng de Pǐnchuānqū.
ウォー チュー ツァイ トンチン ダ ピンチュアンチー

私は東京の品川区に住んでいます。

I live in Shinagawa Ward, Tokyo.

㉖ 我 住 在 名古屋 郊外。
Wǒ zhù zài Mínggǔwū jiāowài.
ウォー チュー ツァイ ミンクーウー チャオワイ

私は名古屋の郊外に住んでいます。

I live in the suburbs of Nagoya.

★ "郊外"〈jiāowài チャオワイ〉:郊外。

(66) 我 住 在 这 附近。
Wǒ zhù zài zhè fùjìn.
ウォー チュー ツァイ チャー フーチン

私はこの近くに住んでいます。

I live near here.

《身長、体重、スリーサイズ》 9

(67) 我 身高 一 米 六。
Wǒ shēngāo yì mǐ liù.
ウォー シェンカオ イー ミー リュウ

私の身長は160センチです。

I'm 160 centimeters tall.

★“身高”〈shēngāo シェンカオ〉：身長、背丈。

★“米”〈mǐ ミー〉：メートル。

★センチで表した身長を英米の長さの単位（フィート、インチ）に換算しておくと便利です。その際は、1 foot＝30.48cm（1 inch＝2.54cm）を使って計算します。160センチは約5 feet 3 inchesになります。

---

(68) 我 身高 一 米 六五。
Wǒ shēngāo yì mǐ liùwǔ.
ウォー シェンカオ イー ミー リュウウー

私の身長は165センチです。

I'm 165 centimeters tall.

⑱ 我 身高 一 米 七 左右。
Wǒ shēngāo yì mǐ qī zuǒyòu.
ウォー シェンカオ イー ミー チー ツオヨウ

私の身長は170センチくらいです。
I'm about 170 centimeters tall.

★ "左右"〈zuǒyòu ツオヨウ〉：約、くらい、前後。

⑲ 我 体重 七十 公斤。
Wǒ tǐzhòng qīshí gōngjīn.
ウォー ティーチョン チーシー コンチン

私の体重は70キロです。
I weigh 70 kilograms.

★ "体重"〈tǐzhòng ティーチョン〉：体重。

★ キログラムで表された体重を、ポンド（pound：発音は、[páund] パウンド）に直すには、1 poundが約454グラムで、1キロは約2.2poundsですから、70キロは、約154poundsになります。

㉑ 我 体重 八十五 公斤。
Wǒ tǐzhòng bāshiwǔ gōngjīn.
ウォー ティーチョン パーシーウー コンチン

私の体重は85キロです。
I weigh 85 kilograms.

㉒ 我 正在 减肥。
Wǒ zhèngzài jiǎnféi.
ウォー チェンツァイ チエンフェイ

私はダイエット中です。
I'm on a diet.

★ "減肥"〈jiǎnféi チエンフェイ〉: ダイエットする、減量する。"減肥"ということばは、日本では、"減肥茶"の"減肥"としておなじみです。

⑦³ **我 得 減肥。**
Wǒ děi jiǎnféi.
ウォー テイ チエンフェイ

私はダイエットしなければなりません。

I have to go on a diet.

★ "得"〈děi テイ〉:(動詞を従えて)…しなければならない。英語の"have to"、"must"にあたります。"have to"には"must"ほどの主観性、切迫感、命令的な含みはありませんが、英中間の翻訳では厳密な区別はされていません。

⑦⁴ **我 胸围 九十 厘米,**
Wǒ xiōngwéi jiǔshí límǐ,
ウォー シュンウェイ チュウシー リーミー

腰围 五十九 厘米,
yāowéi wǔshijiǔ límǐ,
ヤオウェイ ウーシーチュウ リーミー

臀围 八十八厘米。
túnwéi bāshibā límǐ.
トゥンウェイ パーシーパー リーミー

私のスリーサイズは、90-59-88です。

My measurements are 90-59-88.

★ "厘米"〈límǐ リーミー〉: センチメートル。

★ 英語にはスリーサイズを意味する"measurements"ということばがありますが、中国語は説明的な言い方になっています。

《趣味》 🔘10

㉕ 我 的 爱好 是 听 音乐。
Wǒ de àihào shì tīng yīnyuè.
ウォー ダ アイハオ シー ティン インユエ

私の趣味は音楽を聞くことです。

My hobby is listening to music.

★ "爱好"〈àihào アイハオ〉：趣味。

㉖ 我 的 爱好 是 集邮。
Wǒ de àihào shì jíyóu.
ウォー ダ アイハオ シー チーヨウ

私の趣味は切手収集です。

My hobby is collecting stamps.

★ "集邮"〈jíyóu チーヨウ〉：切手収集。

㉗ 我 的 爱好 是 听 音乐 和 集邮。
Wǒ de àihào shì tīng yīnyuè hé jíyóu.
ウォー ダ アイハオ シー ティン インユエ ハー チーヨウ

私の趣味は音楽を聞くことと切手収集です。

My hobbies are listening to music and collecting stamps.

㉘ 我 有 很 多 爱好。
Wǒ yǒu hěn duō àihào.
ウォー ヨウ ヘン トゥオー アイハオ

私は多趣味です。

I have a lot of hobbies.

⑲ 我　没有　什么　爱好。
Wǒ　méi yǒu　shénme　àihào.
ウォー　メイ ヨウ　シェンマ　アイハオ

私は趣味が何もありません。
I have no hobbies.

⑳ 我　是　棒球迷。
Wǒ　shì　bàngqiúmí.
ウォー　シー　パンチュウミー

私は野球にはまっています。
I'm into baseball.

★ "迷"〈mí ミー〉：…狂、マニア、ファン。"be crazy about" を使って訳しても構いません。

㉑ 我　喜欢　读书。
Wǒ　xǐhuan　dúshū.
ウォー　シーファン　トゥーシュー

私は読書が好きです。
I like reading books.

★ "读书"〈dúshū トゥーシュー〉：読書する。
★ "读书"の代わりに、"看书"〈kàn shū カン シュー〉と言うこともできます。

㉒ 我　是　书虫子。
Wǒ　shì　shūchóngzi.
ウォー　シー　シューチョンツ

私は本の虫です。
I'm a bookworm.

★ "I'm an avid reader." という言い方もあります。

㊸ 森 鸥外 是 我 最
Sēn Ōuwài shì wǒ zuì
セン オウワイ シー ウォー ツイ

喜欢 的 作家 之一。
xǐhuan de zuòjiā zhīyī.
シーファン ダ ツオチャー チーイー

森鴎外は私のお気に入りの作家のひとりです。

Ogai Mori is one of my favorite writers.

★ "最"〈zuì ツイ〉: 最も、いちばん。"最 喜欢"は、"favorite"にあたります。

★ "之一"〈zhīyī チーイー〉: …の中のひとつ。

㊹ 我 喜欢 看 电影。
Wǒ xǐhuan kàn diànyǐng.
ウォー シーファン カン ティエンイン

私は映画が好きです。
I like movies.

㊺ 我 喜欢 看
Wǒ xǐhuan kàn
ウォー シーファン カン

功夫片。
gōngfupiàn.
コンフーピエン

私はカンフー映画が好きです。
I like kung fu movies.

㊻ 我 爱 看 动作片。
Wǒ ài kàn dòngzuòpiàn.
ウォー アイ カン トンツオピエン

私はアクション映画が大好きです。
I love action movies.

★ "爱"〈ài アイ〉: 好く、好む。英語の "love"、"enjoy"、"like…very much" にあたります。

(87) 我 爱去 旅行。

Wǒ ài qù lǚxíng.

ウォー アイ チー ルーシン

私は旅行が大好きです。

I love traveling.

---

(88) 我 去过 三 次 中国。

Wǒ qùguo sān cì Zhōngguó.

ウォー チークオ サン ツー チョングオ

私は中国へ 3 回行ったことがあります。

I've been to China three times.

★ "次"〈cì ツー〉:回、度。"数詞＋次" で動作の回数を表します。

---

(89) 我 对 天文学 感 兴趣。

Wǒ duì tiānwénxué gǎn xìngqù.

ウォー トゥイ ティエンウェンシュエ カン シンチー

私は天文学に興味があります。

I'm interested in astronomy.

★ "对"〈duì トゥイ〉: …に対して、ついて。

★ "感"〈gǎn カン〉: 感じる、思う。

★ "兴趣"〈xìngqù シンチー〉: 興味、関心。

---

(90) 我 对 药学 不 感 兴趣。

Wǒ duì yàoxué bù gǎn xìngqù.

ウォー トゥイ ヤオシュエ プー カン シンチー

私は薬学に興味はありません。

I'm not interested in pharmacy.

㉑ 我　擅长　游泳。
Wǒ shàncháng yóuyǒng.
ウォー シャンチャン ヨウヨン

私は水泳が得意です。
I'm good at swimming.

★ "擅长"〈shàncháng シャンチャン〉：堪能である、たけている。

㊈ 我　擅长　滑冰。
Wǒ shàncháng huábīng.
ウォー シャンチャン フアーピン

私はスケートが得意です。
I'm good at skating.

《家族紹介》 11

㊉ 我　家　有　七　口　人。
Wǒ jiā yǒu qī kǒu rén.
ウォー チャー ヨウ チー コウ レン

私の家族は7人です。
There are seven people in my family.

★ "家"〈jiā チャー〉：家族、一族。場所としての家という意味もあります。

★ "口"〈kǒu コウ〉：人数を表す量詞です。

㊉ 我 爸爸 在　　証券
Wǒ bàba zài zhèngquàn
ウォー パーパ ツァイ チェンチュアン
公司 工作。
gōngsī gōngzuò.
コンスー コンツオ

私の父は証券会社に勤めています。
My father works for a securities firm.

95
我 妈妈 是 家庭 妇女。
Wǒ māma shì jiātíng fùnǚ.
ウォー マーマ シー チャーティン フーニー

私の母は主婦です。
My mother is a housewife.

96
我 是 大儿子。
Wǒ shì dà'érzi.
ウォー シー ターアーツ

私は長男です。
I'm the oldest son.

97
我 是 二儿子。
Wǒ shì èr'érzi.
ウォー シー アーアーツ

私は次男です。
I'm the second son.

98
我 是 大女儿。
Wǒ shì dànǚ'ér.
ウォー シー ターニーアー

私は長女です。
I'm the oldest daughter.

99
我 是 次女。
Wǒ shì cìnǚ.
ウォー シー ツーニー

私は次女です。
I'm the second daughter.

100
我 没 有 兄弟 姐妹。
Wǒ méi yǒu xiōngdì jiěmèi.
ウォー メイ ヨウ シュンティー チエメイ

私には兄弟はいません。
I have no brothers and sisters.

101
我 有 三个 哥哥。
Wǒ yǒu sān ge gēge.
ウォー ヨウ サン ガ カーカ

私には兄が3人います。
I have three older brothers.

⑩ 我 有 四 个 弟弟。
Wǒ yǒu sì ge dìdi.
ウォー ヨウ スー ガ ティーティ

私には弟が4人います。
I have four younger brothers.

⑩ 我 有 两 个 姐姐。
Wǒ yǒu liǎng ge jiějie.
ウォー ヨウ リャン ガ チエチェ

私には姉が2人います。
I have two older sisters.

⑩ 我 有 一 个 妹妹。
Wǒ yǒu yí ge mèimei.
ウォー ヨウ イー ガ メイメイ

私には妹がひとりいます。
I have a younger sister.

⑩ 我 是 去年 结婚 的。
Wǒ shì qùnián jiéhūn de.
ウォー シー チーニエン チエフン ダ

私は去年結婚しました。
I got married last year.

⑩ 我 结婚 了。
Wǒ jiéhūn le.
ウォー チエフン ラ

私は結婚しています。
I'm married.

⑩ 我 还 没 结婚。
Wǒ hái méi jiéhūn.
ウォー ハイ メイ チエフン

私はまだ結婚していません。
I'm not married yet.

★ "还"〈hái ハイ〉:否定表現と共に使われ「まだ…でない」という意味を表す副詞です。

⑱ **我们 结婚 六 年**
Wǒmen jiéhūn liù nián
ウォーメン チエフン リュウ ニエン
了。
le.
ラ

私たちは結婚して６年になります。

We've been married for six years.

---

⑲ **我们 有 四 个 孩子。**
Wǒmen yǒu sì ge háizi.
ウォーメン ヨウ スー ガ ハイツ

私たちには子供が４人います。

We have four children.

---

⑩ **我 有 三 个 孩子。**
Wǒ yǒu sān ge háizi.
ウォー ヨウ サン ガ ハイツ

私は子供が３人います。

I have three children.

---

⑪ **这 是 我 妻子,**
Zhè shì wǒ qīzi,
チャー シー ウォー チーツ
安妮特。
Ānnītè.
アンニーター

こちらが妻のアネットです。

This is my wife, Annette.

★ "妻子" 〈qīzi チーツ〉：妻。

---

⑫ **这 是 我 丈夫,**
Zhè shì wǒ zhàngfū,
チャー シー ウォー チャンフ
杰克。
Jiékè.
チエカー

こちらが夫のジャックです。

This is my husband, Jack.

★ "丈夫" 〈zhàngfū チャンフ〉：夫。

⑬ 这 是 我 儿子, 五郎。
Zhè shì wǒ érzi, Wǔláng.
チャー シー ウォー アーツ ウーラン

こちらが息子の五郎です。
This is my son, Goro.

⑭ 这 是 我 女儿,
Zhè shì wǒ nǚ'ér,
チャー シー ウォー ニーアー
凉子。
Liángzǐ.
リャンツ

こちらが娘の涼子です。
This is my daughter, Ryoko.

3．相手を知る表現 🔵12

⑮ 您 贵姓?
Nín guìxìng ?
ニン クイシン

お名前（姓）は？
Could I have your name ?

★ "贵姓"〈guìxìng クイシン〉：お名前、ご芳名。

⑯ 你 叫 什么 名字?
Nǐ jiào shénme míngzi ?
ニー チャオ シェンマ ミンツ

お名前は？
May I have your name ?

⑰ 你 是 哪 国 人?
Nǐ shì nǎ guó rén ?
ニー シー ナー クオ レン

お国はどちらですか？
What's your nationality ?
Where are you from ?

★同じ意味で、次のように出身をたずねる言い方もあります。

你是从哪儿来的？
Nǐ shì cóng nǎr lái de ?
ニー シー ツォン ナー ライ ダ

---

⑱ 你是 上海人 吗？ | あなたは上海の出身ですか？
Nǐ shì Shànghǎirén ma ?
ニー シー シャンハイレン マ | Are you from Shanghai ?

---

⑲ 你是 学生 吗？ | あなたは学生ですか？
Nǐ shì xuésheng ma ?
ニー シー シュエシェン マ | Are you a student ?

---

⑳ 你 上 的是 什么 大学？ | 大学はどちらですか？
Nǐ shàng de shì shénme dàxué ?
ニー シャン ダ シー シェンマ ターシュエ | What college do you go to ?

★ "上"〈shàng シャン〉：(学校に) 通う、行く。

㉑ 你 几 年级？ | あなたは何年生ですか？
Nǐ jǐ niánjí ?
ニー チー ニエンチー | What year are you in ?

㉒ 你的 专业 是什么？ | あなたの専攻は何ですか？
Nǐ de zhuānyè shì shénme ?
ニー ダ チュアンイエ シー シェンマ | What's your major ?

(123) 你 做 什么 工作?
Nǐ zuò shénme gōngzuò ?
ニー ツオ シェンマ コンツオ

どんなお仕事ですか？
What (kind of work) do you do ?

---

(124) 你 在 哪儿工作?
Nǐ zài nǎr gōngzuò ?
ニー ツァイ ナー コンツオ

どちらにお勤めですか？
Where do you work ?

★ "Who do you work for ?" という言い方もあります。

---

(125) 您 多 大 年纪 了?
Nín duō dà niánjì le ?
ニン トゥオ ター ニエンチー ラ

おいくつですか？
How old are you ?

★年長者に対して使う表現です。

★ "多 大 岁数"〈duō dà suìshu トゥオ ター スイシュ〉という言い方もあります。

---

(126) 你 多 大 了?
Nǐ duō dà le ?
ニー トゥオ ター ラ

おいくつですか？
How old are you ?

★大人、青少年に対して使う表現です。

---

(127) 你 几 岁 了?
Nǐ jǐ suì le ?
ニー チー スイ ラ

いくつですか？
How old are you ?

★子供（10歳以下と考えられる）に対して使う表現です。

---

(128) 你 住 在 哪儿?
Nǐ zhù zài nǎr ?
ニー チュー ツァイ ナー

どちらにお住まいですか？
Where do you live ?

㉛ **你 结婚 了 吗?**
  Nǐ jiéhūn le ma ?
  ニー チエフン ラ マ

あなたは結婚していますか？
Are you married ?

㉚ **你 有 孩子 吗?**
  Nǐ yǒu háizi ma ?
  ニー ヨウ ハイツ マ

子供はいますか？
Do you have any children ?

㉛ **你 有 几个 孩子?**
  Nǐ yǒu jǐ ge háizi ?
  ニー ヨウ チー ガ ハイツ

子供は何人いますか？
How many children do you have ?

㉜ **你 家 有几 口 人?**
  Nǐ jiā yǒu jǐ kǒu rén ?
  ニー チャー ヨウ チー コウ レン

家族は何人ですか？
How many people are there in your family ?

★ "How large is your family ?" という言い方もできます。

㉝ **你 家里人 都 好 吗?**
  Nǐ jiālirén dōu hǎo ma ?
  ニー チャーリーレン トウ ハオ マ

ご家族は皆さん元気ですか？
How's your family ?

★ "家里人"〈jiālirén チャーリーレン〉：家族。
★ "都"〈dōu トウ〉：みんな、全部。
★ "How are your folks ?" という言い方もできます。

㉞ **你的 爱好 是 什么?**
  Nǐ de àihào shì shénme ?
  ニー ダ アイハオ シー シェンマ

趣味は何ですか？
What are your hobbies ?

★英語では次のような言い方もあります。

Do you have any hobbies?

What hobbies do you have?

What do you do for fun?

---

(135) **你 去 外国 旅行过 吗?**
Nǐ qù wàiguó lǚxíngguo ma?
ニー チー ワイクオ ルーシンクオ マ

あなたは海外旅行をしたことはありますか？

Have you ever been abroad?

---

(136) **你 去过 北海道 吗?**
Nǐ qùguo Běihǎidào ma?
ニー チークオ ペイハイタオ マ

あなたは北海道へ行ったことがありますか？

Have you ever been to Hokkaido?

---

(137) **你 会 说 英语 吗?**
Nǐ huì shuō Yīngyǔ ma?
ニー フイ シュオー インイー マ

あなたは英語が話せますか？

Can you speak English?

---

(138) **你 会 说 日本话 吗?**
Nǐ huì shuō Rìběnhuà ma?
ニー フイ シュオー リーペンフア マ

あなたは日本語が話せますか？

Can you speak Japanese?

⑬⁹ 你 是 在 哪儿 学
Nǐ shì zài nǎr xué
ニー シー ツァイ ナー シュエ
的 日本话?
de Rìběnhuà?
ダ リーペンフア

あなたはどこで日本語を勉強しましたか？

Where did you study Japanese?

---

⑭⁰ 你 学 日本话 学了
Nǐ xué Rìběnhuà xuéle
ニー シュエ リーペンフア シュエラ
几 年 了?
jǐ nián le?
チー ニエン ラ

あなたは日本語を勉強して何年になりますか？

How many years have you been studying Japanese?

---

⑭¹ 你 学 日本话 学了
Nǐ xué Rìběnhuà xuéle
ニ シュエ リーペンフア シュエラ
多 长 时间 了?
duō cháng shíjiān le?
トゥオ チャン シーチェン ラ

あなたは日本語を勉強してどれくらいになりますか？

How long have you been studying Japanese?

---

⑭² 你 到 日本 多 久
Nǐ dào Rìběn duō jiǔ
ニー タオ リーペン トゥオー チュウ
了?
le?
ラ

あなたは日本に来てどれくらいになりますか？

How long have you been in Japan?

⑭³ **你 什么 时候 来**
Nǐ shénme shíhou lái
ニー シェンマ シーホウ ライ
日本 的?
Rìběn de ?
リーペン ダ

あなたはいつ日本へ来ましたか？

When did you come to Japan ?

★ "时候"〈shíhou シーホウ〉：時。

⑭⁴ **你 认为 日本**
Nǐ rènwéi Rìběn
ニー レンウェイ リーペン
怎么样?
zěnmeyàng ?
ツェンマヤン

日本のことをどう思いますか？

What do you think of Japan ?

⑭⁵ **你 身高 多少?**
Nǐ shēngāo duōshao ?
ニー シェンカオ トゥオシャオ

あなたは身長がどれくらいありますか？

How tall are you ?

⑭⁶ **你 体重 多少?**
Nǐ tǐzhòng duōshao ?
ニー ティーチョン トゥオシャオ

あなたは体重がどれくらいありますか？

How much do you weigh ?

⑭⁷ **你 属 什么?**
Nǐ shǔ shénme ?
ニー シュー シェンマ

干支は何ですか？（何年生まれですか？）

What's your Chinese zodiac sign ?

★占星術では、何座生まれですかは、"What star were you born under?"、"What zodiac sign are you?" と言えますが、干支は説明的に、"Chinese zodiac sign" ということばで表現すればいいでしょう。

★干支の動物を使った表現にはどんなものがあるか、これを機会に調べてみると面白いと思います。また、動物に対するイメージが文化によってどう異なるかも勉強してみましょう。

4. 感謝の表現 🌀13

(148) **谢谢 你。**
Xièxie nǐ.
シェーシェ ニー

ありがとうございます。
Thank you.

★ "谢"〈xiè シエ〉：感謝する。
★ "谢谢" だけよりも "你" を添えた方が丁寧な言い方です。

(149) **非常 感谢 你。**
Fēicháng gǎnxiè nǐ.
フエイチャン カンシエ ニー

どうもありがとうございます。
Thank you very much.

★ "非常"〈fēicháng フエイチャン〉：とても、たいへん。
★ "感谢"〈gǎnxiè カンシエ〉：感謝する。

(150) **谢谢 你 的 好意。**
Xièxie nǐ de hǎoyì.
シェーシェ ニー ダ ハオイー

ご親切に感謝致します。
Thank you for your kindness.

★ "好意"〈hǎoyì ハオイー〉：親切心、善意。

⑮ **谢谢 你的 帮助。**
Xièxie nǐ de bāngzhù.
シェーシェ ニー ダ パンチュー

お力添えありがとうございます。

Thank you for your help.

★ "帮助"〈bāngzhù パンチュー〉：助け、援助。

⑮ **谢谢 你的 关心。**
Xièxie nǐ de guānxīn.
シェーシェ ニー ダ クアンシン

気にかけていただいてありがとうございます。

Thank you for your concern.

★ "关心"〈guānxīn クアンシン〉：関心。

⑮ **谢谢 你的 电话。**
Xièxie nǐ de diànhuà.
シェーシェ ニー ダ ティエンフア

お電話ありがとうございます。

Thank you for calling.

⑮ **不 客气。**
Bú kèqi.
プー カーチ

どういたしまして。

You're welcome.

★ "客气"〈kèqi カーチ〉：遠慮する、謙遜する。

★中国語、英語ともほかに次のような言い方があります。

　　不 谢〈Bú xiè プーシエ〉

　　不用 谢〈Búyòng xiè プーヨン シエ〉

　　哪里，哪里〈Nǎli nǎli ナーリ ナーリ〉

　　没 什么〈Méi shénme メイ シェンマ〉

　　Don't mention it.

　　No problem.

　　No big deal.

5．おわびの表現

⑮ 对不起。
Duìbuqǐ.
トゥイプチー

すみません。
I'm sorry.

★ "对不起。"〈duìbuqǐ トゥイプチー〉：すまないと思う、申し訳ないと感じる。

⑯ 真 对不起。
Zhēn duìbuqǐ.
チェン トゥイプチー

本当にすみません。
I'm terribly sorry.

★ "真"〈zhēn チェン〉：確かに、実に。

⑰ 对不起，我 不 懂 西班牙语。
Duìbuqǐ, wǒ bù dǒng Xībānyāyǔ.
トゥイプチー ウォー プートン シーパンヤーイー

すみません、スペイン語はわかりません。
Sorry, I don't understand Spanish.

★ "懂"〈dǒng トン〉：わかる、理解する。

⑱ 对不起，我 不 懂 你 说 的 英语。
Duìbuqǐ, wǒ bù dǒng nǐ shuō de Yīngyǔ.
トゥイプチー ウォー プートン ニー シュオー ダ インイー

すみません、あなたの英語はわかりません。
Sorry, I don't understand your English.

⑮ **对不起，让 你们**
   Duìbuqǐ, ràng nǐmen
   トゥイプチー ラン ニーメン
   久等 了。
   jiǔděng le.
   チュウタン ラ

長いことお待たせしてすみません。

Sorry to have kept you waiting for a long time.

★ "让"〈ràng ラン〉：「…させる」という意味の使役動詞です。英語と同じように、使役動詞＋人＋動詞の語順になります。

★ "久等"〈jiǔděng チュウタン〉：長く待つ。

⑯ **很 抱歉，我 不**
   Hěn bàoqiàn, wǒ bù
   ヘン パオチエン ウォー プー
   知道 他 在 哪儿。
   zhīdao tā zài nǎr.
   チータオ ター ツァイ ナー

すみません、彼がどこにいるか私は知りません。

Sorry, I don't know where he is.

★ "抱歉"〈bàoqiàn パオチエン〉：すまなく思う。

⑯ **很 抱歉，我 不 知道**
   Hěn bàoqiàn, wǒ bù zhīdao
   ヘン パオチエン ウォー プー チータオ
   杰克 住 在 哪儿。
   Jiékè zhù zài nǎr.
   チエカー チュー ツァイ ナー

すみません、ジャックがどこに住んでいるか私は知りません。

Sorry, I don't know where Jack lives.

⑯ **麻烦 你 了。**
   Máfan nǐ le.
   マーファン ニー ラ

ご迷惑をおかけして申し訳ありません。

Sorry to trouble you.

★ "麻烦"〈máfan マーファン〉：面倒をかける、煩わす。

⑯ 没 关系。
Méi guānxi.
メイ クアンシー

かまいません。(大丈夫です)
It doesn't matter.

★ "关系"〈guānxi クアンシー〉:重要性。

⑯ 你 说 什么?
Nǐ shuō shénme?
ニー シュオー シェンマ

すみません、もう一度言ってください。
Sorry?

★中国語は英語の"What did you say?"(何て言いましたか?)にあたることがわかります。

6. 祝福の表現

⑯ 祝 你 圣诞节 愉快。
Zhù nǐ shèngdànjié yúkuài.
チュー ニー シェンタンチエ イークアイ

クリスマスおめでとう。
Merry Christmas.

★ "祝"〈zhù チュー〉:祝う。

★ "圣诞节"〈shèngdànjié シェンタンチエ〉:クリスマス。

★ "愉快"〈yúkuài イークアイ〉:愉快である、うれしい。

⑯ 新年 好。
Xīnnián hǎo.
シンニエン ハオ

あけましておめでとうございます。
Happy New Year.

⑯ 祝 你 生日 快乐。
Zhù nǐ shēngrì kuàilè.
チュー ニー シェンリー クアイラー

お誕生日おめでとうございます。
Happy birthday.

★ "快乐"〈kuàilè クアイラー〉愉快である、楽しい。"愉快"も使えます。

⑯ **祝 你 考上了 大学。**
Zhù nǐ kǎoshangle dàxué.
チュー ニー カオシャンラ ターシュエ

大学合格おめでとうございます。

Congratulations on being accepted to the university.

★ "考上"〈kǎoshang カオシャン〉：試験に合格する。

★ "Congratulations."（おめでとう）は、"恭喜 恭喜"〈Gōngxǐ gōngxǐ コンシー コンシー〉と言います。

⑯ **祝 你 考上了 纽约 大学。**
Zhù nǐ kǎoshangle Niǔyuē Dàxué.
チュー ニー カオシャンラ ニューユエ ターシュエ

ニューヨーク大学合格おめでとうございます。

Congratulations on being accepted to New York University.

⑰ **祝 你 毕业。**
Zhù nǐ bìyè.
チュー ニー ピーイエ

卒業おめでとうございます。

Congratulations on your graduation.

⑰ **祝 你 毕业于 剑桥 大学。**
Zhù nǐ bìyè yú Jiànqiáo Dàxué.
チュー ニー ピーイエ イー チエンチャオ ターシュエ

ケンブリッジ大学卒業おめでとうございます。

Congratulations on your graduation from Cambridge University.

⑫ 祝 你 新婚 快乐。
Zhù nǐ xīnhūn kuàilè.
チュー ニー シンフン クアイラー

ご結婚おめでとうございます。

Congratulations on your marriage.

7. 曜日・日付の表現

⑰ 今天 星期 几?
Jīntiān xīngqī jǐ?
チンティエン シンチー チー

今日は何曜日ですか?
What day is it today?

⑭ 今天 星期一。
Jīntiān xīngqīyī.
チンティエン シンチーイー

今日は月曜日です。
Today is Monday.

⑮ 今天 星期二。
Jīntiān xīngqī'èr.
チンティエン シンチーアー

今日は火曜日です。
Today is Tuesday.

⑯ 今天 星期三。
Jīntiān xīngqīsān.
チンティエン シンチーサン

今日は水曜日です。
Today is Wednesday.

⑰ 今天 星期四。
Jīntiān xīngqīsì.
チンティエン シンチースー

今日は木曜日です。
Today is Thursday.

⑰ **今天　　星期五。** 今日は金曜日です。
　　Jīntiān　xīngqīwǔ.
　　チンティエン シンチーウー
Today is Friday.

---

⑱ **今天　　星期六。** 今日は土曜日です。
　　Jīntiān　xīngqīliù.
　　チンティエン シンチーリュウ
Today is Saturday.

---

⑲ **今天　　星期日。** 今日は日曜日です。
　　Jīntiān　xīngqīrì.
　　チンティエン シンチーリー
Today is Sunday.

---

⑳ **今天　不 是 星期一。** 今日は月曜日ではありません。
　　Jīntiān　bú shì xīngqīyī.
　　チンティエン プー シー シンチーイー
Today is not Monday.

★否定文では"是"は省略できません。

㉒ **今天　　是 星期五 吗？** 今日は金曜日ですか？
　　Jīntiān　shì xīngqīwǔ ma ?
　　チンティエン シー シンチーウー マ
Is today Friday ?

㉓ **今天　　几 号？** 今日は何日ですか？
　　Jīntiān　jǐ hào ?
　　チンティエン チー ハオ
What's the date today ?

★ "号"〈hào ハオ〉：日にち。

⑱ **今天　七号。**
Jīntiān　qī hào.
チンティエン チー ハオ

今日は7日です。
Today is the 7 th.

★中国語は数字のあとに"号"を付けます。英語は序数で表します。

⑱ **今天　二十三　号。**
Jīntiān　èrshisān　hào.
チンティエン アーシーサン ハオ

今日は23日です。
Today is the 23 rd.

⑱ **今天　几 月 几 号？**
Jīntiān　jǐ yuè jǐ hào?
チンティエン チー ユエ チー ハオ

今日は何月何日ですか？
What's the date today?

★英語では、"What day of the month is it today?"という表現もあります。

⑱ **今天 是一月 六 号。**
Jīntiān shì yīyuè liù hào.
チンティエン シー イーユエ リュウ ハオ

今日は1月6日です。
Today is January 6.

⑱ **今天 是二月 八 号。**
Jīntiān shì èryuè bā hào.
チンティエン シー アーユエ パー ハオ

今日は2月8日です。
Today is February 8.

⑱ **今天 是三月 九 号。**
Jīntiān shì sānyuè jiǔ hào.
チンティエン シー サンユエ チュウ ハオ

今日は3月9日です。
Today is March 9.

(190) 今天　是 四月 十 号。
Jīntiān shì sìyuè shí hào.
チンティエン シー スーユエ シー ハオ

今日は４月10日です。
Today is April 10.

---

(191) 今天　是 五月 十二 号。
Jīntiān shì wǔyuè shí'èr hào.
チンティエン シー ウーユエ シーアー ハオ

今日は５月12日です。
Today is May 12.

---

(192) 今天　是 六月 十三 号。
Jīntiān shì liùyuè shísān hào.
チンティエン シー リュウユエ シーサン ハオ

今日は６月13日です。
Today is June 13.

---

(193) 今天　是 七月 十五 号。
Jīntiān shì qīyuè shíwǔ hào.
チンティエン シー チーユエ シーウー ハオ

今日は７月15日です。
Today is July 15.

---

(194) 今天　是 八月 十九 号。
Jīntiān shì bāyuè shíjiǔ hào.
チンティエン シー パーユエ シーチュウ ハオ

今日は８月19日です。
Today is August 19.

⑮ **今天 是 九月二十二 号。**
Jīntiān shì jiǔyuè èrshièr hào.
チンティエン シー チュウユエ アーシーアー ハオ

今日は9月22日です。
Today is September 22.

⑯ **今天 是 十月二十三 号。**
Jīntiān shì shíyuè èrshisān hào.
チンティエン シー シーユエ アーシーサン ハオ

今日は10月23日です。
Today is October 23.

⑰ **今天 是 十一月二十六 号。**
Jīntiān shì shíyīyuè èrshiliù hào.
チンティエン シー シーイーユエ アーシーリュウ ハオ

今日は11月26日です。
Today is November 26.

⑱ **今天 是 十二月三十一 号。**
Jīntiān shì shí'èryuè sānshiyī hào.
チンティエン シー シーアーユエ サンシーイー ハオ

今日は12月31日です。
Today is December 31.

⑲ **今天 是 一九八九**
Jīntiān shì yījiǔbājiǔ
チンティエン シー イーチュウパーチュウ
年, 八月 五 号,
nián bāyuè wǔ hào
ニエン パーユエ ウー ハオ
星期三。
xīngqīsān.
シンチーサン

今日は1989年8月5日水曜日です。

Today is Wednesday, August 5, 1989.

★西暦は中国語では数字をそのまま読みます。英語での言い方を見ておきましょう。1001年から1999年までは、普通2桁ごとに読みます。

878	eight hundred (and) seventy-eight
1000	one thousand
1001	one thousand (and) one / ten oh one
1002	one thousand (and) two / ten oh two
1065	ten sixty-five
1579	fifteen seventy-nine
1908	nineteen oh eight
1999	ninteen ninety-nine
2000	two thousand
2008	two thousand (and) eight

⑳ 你的生日 几月 几号?
Nǐ de shēngrì jǐ yuè jǐ hào?
ニーダ シェンリー チー ユエ チー ハオ

あなたの誕生日はいつですか？

When is your birthday?

㉑ 我的生日是 十二月 十三号。
Wǒ de shēngrì shì shí'èryuè shísān hào.
ウォーダ シェンリー シー シーアーユエ シーサン ハオ

私の誕生日は12月13日です。

My birthday is December 13.

8. 時間の表現

㉒ 现在 几 点 了?
Xiànzài jǐ diǎn le?
シェンツァイ チー ティエン ラ

今何時ですか？

What time is it?

★ "点"〈diǎn ティエン〉：時（時間の単位）。

★英語には次のような表現もあります。

　　Do you have the time?

　　What time do you have?

　　Have you got the time on you?

　　Could you give me the time?

㉒㉓ 一 点 钟。 1時です。
Yī diǎn zhōng. It's one o'clock.
イー ティエン チョン

★ "钟"〈zhōng チョン〉:時間を表す語ですが省略できます。

★ "o'clock" を省略することもできます。

㉒㉔ 两 点 钟。 2時です。
Liǎng diǎn zhōng. It's two o'clock.
リャン ティエン チョン

★定時は数字のあとに"点(钟)"をつければいいのですが、2時は"二点"ではなく"两点"です。

㉒㉕ 八 点 钟。 8時です。
Bā diǎn zhōng. It's eight o'clock.
パー ティエン チョン

㉒㉖ 八 点 零 五 分。 8時5分です。
Bā diǎn líng wǔ fēn. It's five past eight.
パー ティエン リン ウー フェン

★10分未満を表す時は"零"〈líng リン〉が必要です。

★ "past" の代わりに "after" も使われます。

㉒㉗ 八 点 一 刻。 8時15分です。
Bā diǎn yí kè. It's a quarter past eight.
パー ティエン イー カー

★ "刻"〈kè カー〉:15分。英語の "quarter" の音訳です。

★ "八 点 十五 分" という言い方もあります。

⑳⁸ 八 点 半。
Bā diǎn bàn.
パー ティエン パン

8時半です。
It's half past eight.

★ "半"〈bàn〉：半分。
★ "八点三十分" という言い方もあります。
★ "half《after》eight" という言い方はしません。

⑳⁹ 八 点 三 刻。
Bā diǎn sān kè.
パー ティエン サン カー

8時45分です。
It's a quarter to nine.

★ "八点四十五分" という言い方もあります。

⑳ 差 五 分 九 点。
Chà wǔ fēn jiǔ diǎn.
チャー ウー フェン チュウ ティエン

8時55分です。
It's five to nine.

★ "差"〈chà チャー〉：不足している。「9時に5分不足している」のが「9時5分前（8時55分）」です。
★ "八点五十五分" という言い方もあります。

⑪ 我 早上 四 点 起床。
Wǒ zǎoshang sì diǎn qǐchuáng.
ウォー ツァオシャン スー ティエン チーチュアン

私は朝4時に起きます。
I get up at four o'clock in the morning.

★中国語では時間を表す語句は動詞の前に置かれます。

⑫ **你 每天 早上 几 点 钟 起床?**
Nǐ měitiān zǎoshang jǐ diǎn zhōng qǐchuáng?
ニー メイティエン ツァオシャン チー ティエン チョン チーチュアン

あなたは毎朝何時に起きますか？

What time do you get up every morning?

---

⑬ **你 几 点 钟 吃 午饭?**
Nǐ jǐ diǎn zhōng chī wǔfàn?
ニー チー ティエン チョン チー ウーファン

あなたは何時に昼食を食べますか？

What time do you have lunch?

---

⑭ **邮局 几 点 钟 开门?**
Yóujú jǐ diǎn zhōng kāimén?
ヨウチュー チー ティエン チョン カイメン

郵便局は何時に開きますか？

What time does the post office open?

★ "开门"〈kāimén カイメン〉：門を開ける。

---

⑮ **邮局 几 点 钟 关门?**
Yóujú jǐ diǎn zhōng guānmén?
ヨウチュー チー ティエン チョン クアンメン

郵便局は何時に閉まりますか？

What time does the post office close?

★ "关门"〈guānmén クアンメン〉：門を閉める。

㉒⃝⁶ 星期一 你 几 点 钟 下班？
Xīngqīyī nǐ jǐ diǎn zhōng xiàbān？
シンチーイー ニー チー ティエン チョン シャーパン

あなたは月曜日は何時に仕事が終わりますか？

What time do you get off work on Monday？

㉒⃝⁷ 去 北京 要 几 个 小时？
Qù Běijīng yào jǐ ge xiǎoshí？
チー ペイチン ヤオ チー ガ シャオシー

北京に行くには何時間かかりますか？

How many hours does it take to get to Beijing？

★ "小时"〈xiǎoshí シャオシー〉：時間。

㉒⃝⁸ 昨天 是 星期四。
Zuótiān shì xīngqīsì.
ツオーティエン シー シンチースー

きのうは木曜日でした。

Yesterday was Thursday.

★ "昨天"〈zuótiān ツオーティエン〉：きのう。

★ 中国語では過去形の文でも動詞が変化することはありません。

㉒⃝⁹ 二〇〇四 年 你 在 哪儿？
Èrlínglíngsì nián nǐ zài nǎr？
アーリンリンスー ニエン ニー ツァイ ナー

2004年にあなたはどこにいましたか？

Where were you in 2004？

⑳ 你 上 星期六 做 什么 了？
Nǐ shàng xīngqīliù zuò shénme le ?
ニー シャン シンチーリュウ ツオ シェンマ ラ

あなたは先週の土曜日に何をしましたか？

What did you do last Saturday ?

★ "上"〈shàng シャン〉：過ぎた時間を示すことばで、曜日の前に置けば、先週の何曜日かを表せます。

㉑ 我 去年 去了 香港。
Wǒ qùnián qùle Xiānggǎng.
ウォー チーニエン チーラ シャンカン

私は去年香港へ行きました。

I went to Hong Kong last year.

★ "去年"〈qùnián チーニエン〉：去年。
★ 動詞のあとに行為の完了を表す"了"が置かれていることに注意しましょう。これで英語の過去形を表すことができます。

㉒ 我 写了 九 封 信。
Wǒ xiěle jiǔ fēng xìn.
ウォー シエラ チュウ フォン シン

私は手紙を9通書きました。

I wrote nine letters.

★ "写"〈xiě シエ〉書く。
★ "信"〈xìn シン〉手紙。

㉓ 我 在 加拿大 住了 三 年。
Wǒ zài Jiānádà zhùle sān nián.
ウォー ツァイ チャーナーター チューラ サン ニエン

私はカナダに3年間住みました。

I lived in Canada for three years.

㉔ 我 学 中文 学了 五 年。
Wǒ xué Zhōngwén xuéle wǔ nián.
ウォー シュエ チョンウェン シュエラ ウー ニエン

私は中国語を5年間勉強しました。

I studied Chinese for five years.

★文末にも"了"を置くと「中国語を勉強して5年になる」("I've been studying Chinese for five years.")という意味になります。すなわち、現在完了形になりますので、注意が必要です。

㉕ 我 喝了 两 杯 啤酒。
Wǒ hēle liǎng bēi píjiǔ.
ウォー ハーラ リャン ペイ ピーチュウ

私はビールを2杯飲みました。

I drank two glasses of beer.

(226) 我　今天　没 去
Wǒ　jīntiān　méi qù
ウォー チンティエン メイ チー
图书馆。
túshūguǎn.
トゥーシュークアン

私は今日図書館へ行きませんでした。

I didn't go to the library today.

★否定文は動詞の前に"没（有）"を置きます。

---

(227) 我 没 吃　午饭。
Wǒ méi chī　wǔfàn.
ウォー メイ チー ウーファン

私は昼食を食べませんでした。

I didn't have lunch.

---

(228) 我　明天　去 买
Wǒ　míngtiān　qù mǎi
ウォー ミンティエン チー マイ
东西。
dōngxi.
トンシ

私は明日買い物に行きます。

I'm going shopping tomorrow.

★"明天"〈míngtiān ミンティエン〉：明日。このような未来を表すことばに注意しましょう。英語は進行形で未来の意味が表されています。

---

(229) 我　马上　就　回来。
Wǒ mǎshang jiù huílai.
ウォー マーシャン チュウ フイライ

すぐに戻ります。

I'll be back in a minute.

★"马上"〈mǎshang マーシャン〉:すぐ、ただちに。副詞の"就"〈jiù チュウ〉（すぐに、じきに）を伴うことがよくあります。

㉚ **你 打算 买 这 本**
Nǐ dǎsuan mǎi zhè běn
ニー タースワン マイ チャー ペン
汉英 词典 吗？
Hàn-Yīng cídiǎn ma?
ハンイン ツーティエン マ

あなたはこの漢英辞典を買うつもりですか？
Are you going to buy this Chinese-English dictionary?

★ "打算"〈dǎsuan タースアン〉：(動詞を従えて) …するつもりである。英語の "be going to …" の訳としてよく使われます。

㉛ **我 下 星期四**
Wǒ xià xīngqīsì
ウォー シャー シンチースー
打算 去 游泳。
dǎsuan qù yóuyǒng.
タースアン チー ヨウヨン

私は来週の木曜日に水泳に行くつもりです。
I'm going to go swimming next Thursday.

★ "下"〈xià シャー〉：先の時間を表すことばで、曜日の前に置けば来週の何曜日かを表せます。

9. 思考の表現 💿18

㉜ **我 明白 了。**
Wǒ míngbai le.
ウォー ミンパイ ラ

わかりました。(なるほど)
I see.

★ "明白"〈míngbai ミンパイ〉：わかる、理解する。

★ "Oh, I see." と言いたい時、"Oh" は、"噢"〈ō オー〉と訳されます。

233

㉝ 我 不 明白 你的 意思。
Wǒ bù míngbai nǐ de yìsi.
ウォー プー ミンパイ ニー ダ イース

おっしゃることがわかりません。

I don't see what you mean.

★ "意思"〈yìsi イース〉：考え、意味。

㉞ 我 相信 她。
Wǒ xiāngxìn tā.
ウォー シャンシン ター

私は彼女の言うことを信じています。

I believe her.

★ "相信"〈xiāngxìn シャンシン〉：信じる、信用する。

㉟ 你 相信 占星术 吗？
Nǐ xiāngxìn zhànxīngshù ma?
ニー シャンシン チャンシンシュー マ

あなたは占星術を信じていますか？

Do you believe in astrology?

㊱ 我 觉得 中文 很 难。
Wǒ juéde Zhōngwén hěn nán.
ウォー チュエダ チョンウェン ヘン ナン

私は中国語は難しいと思います。

I find Chinese difficult.

★ "觉得"〈juéde チュエダ〉：思う、感じる。英語の"find"、"think"、"feel"にあたります。

㉗ 你 觉得 东京 怎么样?
Nǐ juéde Dōngjīng zěnmeyàng?
ニー チュエダ トンチン ツェンマヤン

東京はどうですか？

How do you find Tokyo?

㉘ 我 知道 他 住 在 哪儿。
Wǒ zhīdao tā zhù zài nǎr.
ウォー チータオ ター チュー ツァイ ナー

私は彼がどこに住んでいるか知っています。

I know where he lives.

㉙ 我 不 知道 她 的 名字。
Wǒ bù zhīdao tā de míngzi.
ウォー プー チータオ ター ダ ミンツ

私は彼女の名前を知りません。

I don't know her name.

㉚ 你 知道 他 是 美国人 吗?
Nǐ zhīdao tā shì Měiguórén ma?
ニー チータオ ター シー メイクオレン マ

あなたは彼がアメリカ人だということを知っていますか？

Do you know that he is American?

㉔ 我 认识 布朗 先生。
Wǒ rènshi Bùlǎng xiānsheng.
ウォー レンシー プーラン シエンシェン

私はブラウンさんを知っています。
I know Mr.Brown.

★ "认识"〈rènshi レンシ〉：見知る、知っている。

㉔ 我 认识 菜奈 三 年 了。
Wǒ rènshi Càinài sān nián le.
ウォー レンシ ツァイナイ サン ニエン ラ

私は菜奈と知り合って3年になります。
I've known Nana for three years.

㉔ 我 记得 他的 地址。
Wǒ jìde tā de dìzhǐ.
ウォー チーダ ター ダ ティーチー

私は彼の住所を覚えています。
I remember his address.

★ "记得"〈jìde チーダ〉：覚えている。

㉔ 你 记得 斯科特 吗?
Nǐ jìde Sīkētè ma?
ニー チーダ スーカーター マ

あなたはスコットを覚えていますか？
Do you remember Scott?

㉔ 算了 吧。
Suànle ba.
スアンラ バ

もういいよ。
Forget it.

★ "算了"〈suànle スアンラ〉：やめにする。

㊄㊁㊅ 我　中文　　全部
Wǒ Zhōngwén quánbù
ウォー チョンウェン チュアンプー
忘　了。
wàng le.
ワン ラ

中国語は全部忘れてしまいました。

I've forgotten all my Chinese.

㊄㊃㊆ 我 不 知道 为
Wǒ bù zhīdao wèi
ウォー プー チータオ ウェイ
什么。
shénme.
シェンマ

なんでだろう。

I wonder why.

★ "wonder" は、"不知道" で訳されます。

㊄㊃㊇ 我 不 知道 她 是
Wǒ bù zhīdao tā shì
ウォー プー チータオ ター シー
谁。
shéi.
シェイ

彼女は誰かなあ。

I wonder who she is.

㊄㊃㊈ 你 看 怎么样?
Nǐ kàn zěnmeyàng?
ニー カン ツェンマヤン

あなたはどう思いますか?

What do you think?

★ "看"〈kàn カン〉：…と思う。"看" の代わりに、"认为"〈rènwéi レンウェイ〉も使えます。

㉚ 你 认为 她 怎么样？
Nǐ rènwéi tā zěnmeyàng?
ニー レンウェイ ター ツェンマヤン

あなたは彼女のことをどう思いますか？

What do you think of her?

㉛ 我 想 明天 会 下 雪。
Wǒ xiǎng míngtiān huì xià xuě.
ウォー シャン ミンティエン フイ シャー シュエ

私は明日は雪になると思います。

I think it'll snow tomorrow.

★ "想"〈xiǎng シャン〉：思う。

★ "会"〈huì フイ〉：…するだろう。可能性を表す助動詞です。「…できる」という意味ではありません。

㉜ 我 也 那样 想。
Wǒ yě nàyàng xiǎng.
ウォー イエ ナーヤン シャン

私もそう思います。

I think so, too.

★ "那样"〈nàyàng ナーヤン〉：あんな、そんな。

㉝ 我 不 那样 想。
Wǒ bú nàyàng xiǎng.
ウォー プー ナーヤン シャン

私はそうは思いません。

I don't think so.

10. 知覚の表現 🅒19

㉕④ **我 想 看 博物馆。**
Wǒ xiǎng kàn bówùguǎn.
ウォー シャン カン ポーウークアン

私は博物館が見たいです。
I'd like to see the museum.

★ "看"〈kàn カン〉：見る。英語の"see"、"look"、"watch"にあたります。

㉕⑤ **从那儿你 能 看到 什么？**
Cóng nàr nǐ néng kàndào shénme?
ツォン ナー ニー ナン カンタオ シェンマ

そこから何が見えますか？
What can you see from there?

★ "能"〈néng ナン〉：…できる。
★ "到"〈dào タオ〉：動詞のあとに置かれて動作の達成を表します。

㉕⑥ **看 这 张 地图。**
Kàn zhè zhāng dìtú.
カン チャー チャン ティートゥー

この地図を見てごらんなさい。
Look at this map.

㉕⑦ **你 在 看 什么 呢？**
Nǐ zài kàn shénme ne?
ニー ツァイ カン シェンマ ナ

あなたは何を見ているのですか？
What are you looking at?

㉕⑧ **我 在 看 电视。**
Wǒ zài kàn diànshì.
ウォー ツァイ カン ティエンシー

私はテレビを見ています。
I'm watching TV.

㉕⑨ **你 看得见 吗？**
Nǐ kàndejiàn ma?
ニー カンダチエン マ

見えますか？
Can you see it?

㉖⓪ **他 看上去 很 高兴。**
Tā kànshàngqu hěn gāoxìng.
ター カンシャンチー ヘン カオシン

彼はうれしそうです。
He looks happy.

★ "看上去"〈kànshàngqu カンシャンチー〉：見たところ、見受けたところ。

㉖① **我 在 听 收音机。**
Wǒ zǎi tīng shōuyīnjī.
ウォー ツァイ ティン ショウインチー

私はラジオを聞いています。
I'm listening to the radio.

★ "听"〈tīng ティン〉：聞く。英語の"listen"、"hear"にあたります。

㉖② **你 喜欢 听 音乐 吗？**
Nǐ xǐhuan tīng yīnyuè ma?
ニー シーファン ティン インユエ マ

あなたは音楽を聞くのが好きですか？
Do you like listening to music?

㉖③ **别 听 马克 的话。**
Bié tīng Mǎkè de huà.
ピエ ティン マーカー ダ フア

マイクの言うことに耳を傾けてはいけません。
Don't listen to Mike.

㉖④ **请 听完 我 的话。**
Qǐng tīngwán wǒ de huà.
チン ティンワン ウォー ダ フア

私の話を終わりまで聞いてください。
Please hear me out.

★ "完"〈wán ワン〉：動詞のあとに置かれて動作の達成を表します。

㉕ **我们 没 听说过**
Wǒmen méi tīngshuōguo
ウォーメン メイ ティンシュオクオ
卡内基。
Kǎnèijī.
カーネイチー

私たちはカーネギーという人のことを聞いたことがありません。

We've never heard of Carnegie.

★ "听说"〈tīngshuō ティンシュオー〉: …のことを聞く。

㉖ **听说 他们 在 北京。**
Tīngshuō tāmen zài Běijīng.
ティンシュオー ターメン ツァイ ペイチン

彼らは北京にいるそうですね。

I hear that they are in Beijing.

★ "听说"は"I hear…"にあたります。

11. 感情の表現 🎧20

㉗ **我 很 幸福。**
Wǒ hěn xìngfú.
ウォー ヘン シンフー

私は幸せです。

I'm happy.

★ "幸福"〈xìngfú シンフー〉: 幸せである。

㉘ **我 非常 幸福。**
Wǒ fēicháng xìngfú.
ウォー フェイチャン シンフー

私はとても幸せです。

I'm very happy.

(269) 我 很 满意 我 的 工作。
Wǒ hěn mǎnyì wǒ de gōngzuò.
ウォー ヘン マンイー ウォー ダ コンツオ

私は仕事に満足しています。

I'm happy with my job.

★"满意"〈mǎnyì マンイー〉：満足する、嬉しく思う。

★"工作"〈gōngzuò コンツオ〉：仕事。

★英語の"**happy**"には、「満足した、納得した」という意味があります。

(270) 我 很 高兴 帮助 你。
Wǒ hěn gāoxìng bāngzhù nǐ.
ウォー ヘン カオシン パンチュー ニー

喜んでお手伝いします。

I'm happy to help you.

(271) 那个 消息 使 她 很 高兴。
Nàge xiāoxi shǐ tā hěn gāoxìng.
ナーガ シャオシ シー ター ヘン カオシン

そのニュースを聞いて彼女は喜びました。

The news made her happy.

★"消息"〈xiāoxi シャオシ〉：ニュース、知らせ。

★"使"〈shǐ シー〉：…させる。使役表現です。

㉒ **那个 消息 使 他们 悲伤 万分。**
Nàge xiāoxi shǐ tāmen bēishāng wànfēn.
ナーガ シャオシ シー ターメン ペイシャン ワンフェン

その知らせを聞いて彼らはとても悲しみました。
The news made them very sad.

★ "悲伤"〈bēishāng ペイシャン〉：悲しむ、心が痛む。
★ "万分"〈wànfēn ワンフェン〉：とても、極めて。

㉓ **我 很 感谢。**
Wǒ hěn gǎnxiè.
ウォー ヘン カンシエ

私は感謝しています。
I'm grateful.

㉔ **你 生气 了 吗?**
Nǐ shēngqì le ma?
ニー シェンチー ラ マ

あなたは腹を立てているのですか？
Are you angry?

★ "生气"〈shēngqì シェンチー〉：腹が立つ、怒る。

㉕ **你 对 什么 生气 了?**
Nǐ duì shénme shēngqì le?
ニー トゥイ シェンマ シェンチー ラ

あなたは何に腹を立てているのですか？
What are you angry about?

㉖ **他 使 我 心烦。**
Tā shǐ wǒ xīnfán.
ター シー ウォー シンファン

あいつは神経にさわる奴だ。
He gets on my nerves.

★ "心烦"〈xīnfán〉：いらいらする、むしゃくしゃする。

㉗ **我 很 喜欢 这儿。**
Wǒ hěn xǐhuan zhèr.
ウォー ヘン シーファン チャー

私はここがとても気に入っています。
I like it here very much.

㉘ 我 讨厌 吃 牛肉。　私は牛肉が嫌いです。
　　Wǒ　tǎoyàn　chī　niúròu.　　I hate beef.
　　ウォー　タオイエン　チー　ニュウロウ

★ "讨厌"〈tǎoyàn タオイエン〉：嫌いである、嫌がる。

㉙ 你 喜欢 吃 素菜 吗？　あなたは野菜が好きですか？
　　Nǐ　xǐhuan　chī　sùcài　ma？　Do you like vegetables？
　　ニー　シーファン　チー　スーツァイ　マ

12. 体調の表現

㉘⓪ 我 饿 了。　私はお腹がへっています。
　　Wǒ　è　le.　　I'm hungry.
　　ウォー　アー　ラ

★ "饿"〈è アー〉：ひもじい、飢える。

㉘① 我 渴 了。　私はのどが渇いています。
　　Wǒ　kě　le.　　I'm thirsty.
　　ウォー　カー　ラ

★ "渴"〈kě カー〉：のどが渇いた。

㉘② 我 累 了。　私は疲れています。
　　Wǒ　lèi　le.　　I'm tired.
　　ウォー　レイ　ラ

★ "累"〈lèi レイ〉：疲れる。

283️⃣ **我 病 了。**
Wǒ bìng le.
ウォー ピン ラ

私は病気です。
I'm sick.

★ "病"〈bìng ピン〉:病気になる。

284️⃣ **我 不 舒服。**
Wǒ bù shūfu.
ウォー プー シューフ

私は気分がよくありません。
I don't feel well.

★ "舒服"〈shūfu シューフ〉:体調がよい。

285️⃣ **我 头晕。**
Wǒ tóuyūn.
ウォー トウユン

私はめまいがします。
I feel dizzy.

★ "头晕"〈tóuyūn トウユン〉:頭がくらくらする。

286️⃣ **我 睡不着。**
Wǒ shuìbuzháo.
ウォー シュイプチャオ

私は眠れません。
I can't sleep.

★ "睡"〈shuì シュイ〉:眠る。

★ "不着"〈buzháo プチャオ〉:動詞の後について動作の未達成を表します。

287️⃣ **我 感冒 了。**
Wǒ gǎnmào le.
ウォー カンマオ ラ

私は風邪をひいています。
I have a cold.

★ "感冒"〈gǎnmào カンマオ〉:風邪をひく。

288️⃣ **我 发烧 了。**
Wǒ fāshāo le.
ウォー ファーシャオ ラ

私は熱があります。
I have a fever.

★ "发烧"〈fāshāo ファーシャオ〉：熱が出る。

㉘⑨ **我 头痛。**
Wǒ tóutòng.
ウォー トウトン

私は頭痛がします。
I have a headache.

★ "头痛"〈tóutòng トウトン〉：頭痛がする。
★ "我 头 疼"〈Wǒ tóu téng ウォー トウ タン〉という言い方もあります。

㉙⓪ **我 牙痛。**
Wǒ yátòng.
ウォー ヤートン

私は歯が痛いです。
I have a toothache.

★ "牙痛"〈yátòng ヤートン〉：歯が痛い。
★ "我 牙 疼"〈Wǒ yá téng ウォー ヤートン〉という言い方もあります。

㉙① **我 呼吸 困难。**
Wǒ hūxī kùnnán.
ウォー フーシー クンナン

私は息苦しいです。
I have trouble breathing.

㉙② **我 怀孕 了。**
Wǒ huáiyùn le.
ウォー フアイユン ラ

私は妊娠しています。
I'm pregnant.

★ "怀孕"〈huáiyùn フアイユン〉：妊娠する。

㉓ 有没有会说日本话的医生?
Yǒu mei you huì shuō Rìběnhuà de yīshēng?
ヨウ メイ ヨウ フイ シュオー リーペンフア ダ イーシェン

日本語の話せる医者はいますか？

Is there a doctor who can speak Japanese?

㉔ 哪儿疼?
Nǎr téng?
ナー タン

どこが痛いんですか？

Where does it hurt?

㉕ 这儿疼。
Zhèr téng.
チャー タン

ここが痛いです。

It hurts here.

㉖ 你对抗菌素过敏吗?
Nǐ duì kàngjūnsù guòmǐn ma?
ニー トゥイ カンチュンスー クオミン マ

あなたは抗生物質アレルギーですか？

Are you allergic to antibiotics?

★ "过敏"〈guòmǐn クオミン〉: アレルギー。

㉗ 你对青霉素过敏吗?
Nǐ duì qīngméisù guòmǐn ma?
ニー トゥイ チンメイスー クオミン マ

あなたはペニシリンアレルギーですか？

Are you allergic to penicillin?

⑱ 我 要 治 感冒 的 药。
Wǒ yào zhì gǎnmào de yào.
ウォー ヤオ チー カンマオ ダ ヤオ

風邪薬をください。
I want something for a cold.

★ "治"〈zhì チー〉：治療する、直す。

★ "药"〈yào ヤオ〉：薬。

⑲ 我 要 治 头疼 的 药。
Wǒ yào zhì tóuténg de yào.
ウォー ヤオ チー トウタン ダ ヤオ

頭痛薬をください。
I want something for a headache.

13. 要求の表現 🔘22

㉚ 出去。
Chūqu.
チューチー

出てけ。
Get out.

★ "出去"〈chūqu チューチー〉：出る、出て行く

㉛ 进来。
Jìnlai.
チンライ

入りなさい。
Come in.

㉜ 快 走。
Kuài zǒu.
クアイ ツォウ

急ぎなさい。
Hurry up.

㉝ 安静 点儿。
Ānqìng diǎnr.
アンチン ティアー

静かにしなさい。
Be quiet.

㉞ **请 进来。**
Qǐng jìnlai.
チン チンライ

どうぞお入りください。
Please come in.

㉟ **请 喝 茶。**
Qǐng hē chá.
チン ハー チャー

お茶をどうぞ。
Please have some tea.

㊱ **请 你 再 说 一 遍。**
Qǐng nǐ zài shuō yí biàn.
チン ニー ツァイ シュオー イー ピエン

もう一度言ってください。
Please say that again.

㊲ **不要 抽 烟。**
Búyào chōu yān.
プーヤオ チョウ イエン

たばこを吸ってはいけません。
Don't smoke.

★ "不要"〈búyào プーヤオ〉：動詞の前に置かれて「…してはいけない」という意味を表します。英語の"Don't …"の訳として使われます。

㊳ **不要 喝 啤酒。**
Búyào hē píjiǔ.
プーヤオ ハー ピーチュウ

ビールを飲んではいけません。
Don't drink beer.

㊴ **别 坐 在那儿。**
Bié zuò zài nàr.
ピエ ツオ ツァイ ナー

あそこに座ってはいけません。
Don't sit there.

★ "别"〈bié ピエ〉："不要"の代わりに使うことができます。

㊵ **别 进来。**
Bié jìnlai.
ピエ チンライ

入ってはいけません。
Don't come in.

㉛ **别忘了给她写信。**
Bié wàng le gěi tā xiě xìn.
ピエ ワン ラ ケイ ター シエ シン

忘れずに彼女に手紙を書きなさい。

Don't forget to write to her.

㉜ **别吵。**
Bié chǎo.
ピエ チャオ

騒いではいけません。(静かにしなさい)

Don't be noisy.

★ "吵"〈chǎo チャオ〉：騒ぐ、やかましくする。

㉝ **我们应该明天去。**
Wǒmen yīnggāi míngtiān qù.
ウォーメン インカイ ミンティエン チー

私たちは明日行くべきです。

We should leave tomorrow.

★ "应该"〈yīnggāi インカイ〉：(動詞の前に置かれて) …するのが当然である。

㉞ **你们应当去看他。**
Nǐmen yīngdāng qù kàn tā.
ニーメン インタン チー カン ター

あなたたちは彼に会いに行くべきです。

You should go and see him.

★ "应当"〈yīngdāng インタン〉：(動詞の前に置かれて) …すべきである。

㉟ **你得听我的话。**
Nǐ děi tīng wǒ de huà.
ニー テイ ティン ウォー ダ フア

私の言うことを聞きなさい。

You must listen to me.

③⑯ **我们 最好 叫 一辆 出租 汽车。**
Wǒmen zuìhǎo jiào yí liàng chūzū qìchē.
ウォーメン ツイハオ チャオ イー リャン チューツー チーチャー

タクシーを呼んだ方がいいですよ。

We'd better call a taxi.

★ "**最好**"〈zuìhǎo ツイハオ〉：(動詞の前に置かれて) できるだけ…した方がいい。
文頭に来ることもあります。英語の"had better"にあたります。

★ "had better" には脅迫の意味を伝える場合がありますので、使う相手に注意が必要です。ただし、"I'd better～"、"We'd better～" には脅迫のニュアンスはありません。

---

14. 依頼の表現 🄲23

③⑰ **请 你 说 中国话，可以 吗？**
Qǐng nǐ shuō Zhōngguóhuà, kěyǐ ma?
チン ニー シュオー チョングオフア カーイー マ

中国語を話していただけませんか？

Would you please speak Chinese?

★「…していただけませんか？」と丁寧に依頼する時の言い方です。"可以"の代わりに、"行"〈xíng シン〉（かまわない、大丈夫である）、"好"〈hǎo ハオ〉（よろしい）などを使うことができます。英語の"Would you please …?"、"Would you …, please?"、"Could I have …?"の意味を伝える時に用いられます。

★答えとして、「いいですよ」という意味の"Certainly."は、"当然"〈dāngrán タンラン〉、"可以"〈kěyǐ カーイー〉と訳されています。

---

⑱ **请你 关上 窗户,**
Qǐng nǐ guānshang chuānghu,
チン ニー クアンシャン チュアンフ
可以 吗?
kěyǐ ma?
カーイー マ

窓を閉めていただけますか？
Would you please close the window?

---

⑲ **请你 打开 窗户,**
Qǐng nǐ dǎkāi chuānghu,
チン ニー ターカイ チュアンフ
可以 吗?
kěyǐ ma?
カーイー マ

窓を開けていただけますか？
Would you please open the window?

---

⑳ **请你 帮个 忙,**
Qǐng nǐ bāng ge máng,
チン ニー パン ガ マン
行 吗?
xíng ma?
シン マ

お願いしたいことがあるのですが。
Would you please do me a favor?

★ "帮忙"〈bāngmáng パンマン〉：手伝う、助ける。

㉛ **请 你 给 杰克 打**
Qǐng nǐ gěi Jiékè dǎ
チン ニー ケイ チエカー ター
电话, 行 吗?
diànhuà, xíng ma?
ティエンフア シン マ

ジャックに電話していただけますか？

Would you call Jack, please?

㉜ **请 给 我 一 杯 啤酒,**
Qǐng gěi wǒ yì bēi píjiǔ,
チン ケイ ウォー イー ペイ ピーチュウ
好 吗?
hǎo ma?
ハオ マ

ビールを1杯いただけますか？

Could I have a glass of beer, please?

㉝ **请 给 我 两 杯**
Qǐng gěi wǒ liǎng bēi
チン ケイ ウォー リャン ペイ
葡萄酒, 好 吗?
pútaojiǔ, hǎo ma?
プータオチュウ ハオ マ

ワインを2杯いただけますか？

Could I have two glasses of wine, please?

㉞ **请 给 我 看看 耳环。**
Qǐng gěi wǒ kànkan ěrhuán.
チン ケイ ウォー カンカン アーフアン

イヤリングを見せてください。

Please show me some earrings.

★ "看"〈kàn カン〉「見る」という動詞を重ねて用いて「…を見せてください」という意味で買い物の時などに使える表現です。"看看"のうしろの"看"は軽声で読まれます。

★ "给"は「…に」という意味の介詞です。

★ 英語の、"Please show me …" "Would you please show me … ?" という意味を伝えたい時に使えます。

㉜ **请 给 我 看看 乐器。** 楽器を見せてください。
Qǐng gěi wǒ kànkan yuèqì. Please show me some
チン ケイ ウォー カンカン ユエチー musical instruments.

㉖ **请 给 我 看看 皮衣。** 毛皮を見せてください。
Qǐng gěi wǒ kànkan píyī. Please show me some
チン ケイ ウォー カンカン ピーイー furs.

---

15. 天候の表現 🔘24

㉗ **天气 怎么样?** 天気はどうですか?
Tiānqì zěnmeyàng ? What's the weather like ?
ティエンチー ツェンマヤン

★ "天气"〈tiānqì ティエンチー〉: 天気、天候。

㉘ **今天 天气 很 好。** 今日はいい天気です。
Jīntiān tiānqì hěn hǎo. It's beautiful today.
チンティエン ティエンチー ヘン ハオ

㉙ **今天　很　暖和。**　　今日は暖かいです。
　　Jīntiān hěn nuǎnhuo.　　It's warm today.
　チンティエン ヘン ヌアンフオ

★ "暖和"〈nuǎnhuo ヌアンフオ〉：暖かい。

㉚ **今天　很　热。**　　今日は暑いです。
　　Jīntiān hěn rè.　　It's hot today.
　チンティエン ヘン ジャー

★ "热"〈rè ジャー〉：暑い。

㉛ **今天　很　冷。**　　今日は寒いです。
　　Jīntiān hěn lěng.　　It's cold today.
　チンティエン ヘン ラン

★ "冷"〈lěng ラン〉：寒い。

㉜ **今天　很　凉快。**　　今日は涼しいです。
　　Jīntiān hěn liángkuai.　　It's cool today.
　チンティエン ヘン リャンクアイ

★ "凉快"〈liángkuai リャンクアイ〉：涼しい。

㉝ **今天　风　很　大。**　　今日は風があります。
　　Jīntiān fēng hěn dà.　　It's windy today.
　チンティエン フォン ヘン ター

★ "风"〈fēng フォン〉：風。

㉞ **今天　很　闷热。**　　今日は蒸し暑いです。
　　Jīntiān hěn mēnrè.　　It's muggy today.
　チンティエン ヘン メンジャー

★ "闷热"〈mēnrè メンジャー〉：蒸し暑い。

㉟ **外面 在 下 雨。** 外は雨です。
Wàimian zài xià yǔ. It's raining outside.
ワイミエン ツァイ シャー イー

★ "下"〈xià〉:(雨、雪などが) 降る。"雨"、"雪" ということばは、うしろに置かれることに注意しましょう。

㊱ **外面 在 下 大雨。** 外はひどい雨です。
Wàimian zài xià dàyǔ. It's raining very hard outside.
ワイミエン ツァイ シャー ターイー

★ "大雨"〈dàyǔ ターイー〉:大雨。

㊲ **还 在 下 雨 吗?** まだ雨が降っていますか?
Hái zài xià yǔ ma? Is it still raining?
ハイ ツァイ シャー イー マ

㊳ **还 在 下 雪 吗?** まだ雪が降っていますか?
Hái zài xià xuě ma? Is it still snowing?
ハイ ツァイ シャー シュエ マ

㊴ **天气 预报 说** 天気予報では明日は雨になると言っています。
Tiānqì yùbào shuō
ティエンチー イーパオ シュオー
明天 会 下 雨。 The weatherman says it will rain tomorrow.
míngtiān huì xià yǔ.
ミンティエン フイ シャー イー

㊵ **好象 要 下 雨。** 雨になりそうです。
Hǎoxiàng yào xià yǔ. It looks like rain.
ハオシャン ヤオ シャー イー

★ "好象"〈hǎoxiàng ハオシャン〉:…みたいだ、…のような気がする。

㉛ 雨 停 了。
Yǔ tíng le.
イー ティン ラ

雨が止みました。
It's stopped raining.

★ "停"〈tíng ティン〉:(雨、雪などが)止む。
★雨が降っていることは前提条件として了解されているので、文頭に置かれます。

㉜ 雪 停 了。
Xuě tíng le.
シュエ ティン ラ

雪が止みました。
It's stopped snowing.

㉝ 二月 是 日本 最 冷 的 月份。
Èryuè shì Rìběn zuì lěng de yuèfen.
アーユエ シー リーペン ツイ ラン ダ ユエフェン

2月は日本で一番寒い月です。
February is the coldest month in Japan.

★ "月份"〈yuèfen ユエフェン〉:月、月順。

㉞ 日本 六月 经常 下 雨。
Rìběn liùyuè jīngcháng xià yǔ.
リーペン リュウユエ チンチャン シャー イー

日本は6月に雨がよく降ります。
It often rains in June in Japan.

㉞ 我 最 喜欢 春天。
Wǒ zuì xǐhuan chūntiān.
ウォー ツイ シーファン チュンティエン

私は春が一番好きです。
I like spring the best.

㉞ 我 最 喜欢 夏天。
Wǒ zuì xǐhuan xiàtiān.
ウォー ツイ シーファン シャーティエン

私は夏が一番好きです。
I like summer the best.

㉞ 我 最 喜欢 秋天。
Wǒ zuì xǐhuan qiūtiān.
ウォー ツイ シーファン チュウティエン

私は秋が一番好きです。
I like autumn the best.

㉞ 我 最 喜欢 冬天。
Wǒ zuì xǐhuan dōngtiān.
ウォー ツイ シーファン トンティエン

私は冬が一番好きです。
I like winter the best.

16. 乗り物の表現

《飛行機》 25

㉞ 请问, 我 的 坐位
Qǐngwèn, wǒ de zuòwèi
チンウェン ウォー ダ ツオウェイ
在 哪儿?
zài nǎr?
ツァイ ナー

すみません、私の席はどこですか?

Excuse me. Where's my seat?

★ "请问"〈qǐngwèn チンウェン〉：お尋ねします、お伺いします。敬語で呼びかけのことばとして使えます。人に頼み事をする時の呼びかけのことばとしては、"劳驾"〈láojià ラオチャー〉、"对不起"〈duìbuqǐ トゥイプチー〉などがあります。いずれの表現も日本語の「ちょっとすみません…」という意味を伝えたい時に使えます。

★ "坐位"〈zuòwèi ツオウェイ〉：座席。

㉟⓪ 请 出示 您的登机牌。
Qǐng chūshì nín de dēngjīpái.
チン チューシー ニン ダ タンチーパイ

搭乗券をお見せください。
Your boarding pass, please.

★ "出示"〈chūshì チューシー〉：呈示する。

㉟① 请 系好 安全带。
Qǐng jìhǎo ānquándài.
チン チーハオ アンチュアンタイ

安全ベルトをお締めください。
Please fasten your seat belt.

★ "系"〈jì チー〉：締める。

★ "好"〈hǎo ハオ〉：動詞のあとに置かれ「…し終える」という動作の完了を表します。

㉟② 您 要 鱼 还是 要 牛肉？
Nín yào yú háishi yào niúròu？
ニン ヤオ イー ハイシー ヤオ ニュウロウ

魚になさいますか、牛肉になさいますか？
Fish or beef？

③㊵ 我 要 牛肉。
Wǒ yào niúròu.
ウォー ヤオ ニュウロウ

牛肉にします。
I'll take beef.

㉞ 请 给 我 一 杯 啤酒。
Qǐng gěi wǒ yì bēi píjiǔ.
チン ケイ ウォー イー ペイ ピーチュウ

ビールを1杯ください。
A glass of beer, please.

㉟ 请 给 我 三 条
Qǐng gěi wǒ sān tiáo
チン ケイ ウォー サン ティアオ
毛毯, 好吗?
máotǎn, hǎo ma ?
マオタン ハオ マ

毛布を3枚いただけますか?
Could I have three blankets, please ?

《タクシー, バス》 26

㊱ 请问, 出租 汽车
Qǐngwèn, chūzū qìchē
チンウェン チューツー チーチャー
站 在 哪儿?
zhàn zài nǎr ?
チャン ツァイ ナー

すみません、タクシー乗り場はどこですか?
Excuse me. Where's the taxi stand ?

㊲ 你 要 出租 汽车 吗?
Nǐ yào chūzū qìchē ma ?
ニー ヤオ チューツー チーチャー マ

タクシーを頼みたいのですか?
Do you need a taxi ?

(358) 请 给 我 叫 出租 汽车。
Qǐng gěi wǒ jiào chūzū qìchē.
チン ケイ ウォー チャオ チューツー チーチャー

タクシーを呼んでください。
Please call me a taxi.

---

(359) 您 去 哪儿?
Nín qù nǎr ?
ニン チー ナー

(運転手が客に)どちらまでですか?
Where to, sir ?

★敬語の "您" 〈nín ニン〉は、英語の "sir"、"ma'am" で表せます。

---

(360) 请 去 北京 饭店。
Qǐng qù Běijīng Fàndiàn.
チン チー ペイチン ファンティエン

北京ホテルまでお願いします。
To the Beijing Hotel, please.

---

(361) 请 去 南京 大学。
Qǐng qù Nánjīng Dàxué.
チン チー ナンチン ターシュエ

南京大学までお願いします。
To Nanjing University, please.

---

(362) 请 带 我 到 这个 地址。
Qǐng dài wǒ dào zhège dìzhǐ.
チン タイ ウォー タオ チャーガ ティーチー

この住所のところへ行ってください。
Take me to this address, please.

★ "带" 〈dài タイ〉: 連れて行く。

(363) 多少　钱?
Duōshao　qián ?
トゥオシャオ チエン

いくらですか?

How much is it ?

---

(364) 到　上海　公园
Dào Shànghǎi Gōngyuán
タオ シャンハイ コンユアン
多少　钱?
duōshao　qián ?
トゥオシャオ チエン

上海公園まではいくらですか?

How much will it cost to Shanghai Park ?

---

(365) 这　辆　公共　汽车
Zhè liàng gōnggòng qìchē
チャー リャン コンコン チーチャー
去 北京　大学　吗?
qù Běijīng Dàxué ma ?
チー ペイチン ターシュエ マ

このバスは北京大学へ行きますか?

Does this bus go to Beijing University ?

---

(366) 我　要 去　飞机场。
Wǒ yào qù fēijīchǎng.
ウォー ヤオ チー フェイチーチャン

私は飛行場へ行きたいです。

I want to go to the airport.

---

(367) 我　想　坐 公共
Wǒ xiǎng zuò gōnggòng
ウォー シャン ツオ コンコン
汽车　去　广州。
qìchē qù Guǎngzhōu.
チーチャー チー クアンチョウ

私は広州へバスで行きたいのですが。

I'd like to go to Guangzhou by bus.

㊌ 我 在这儿 下车。
Wǒ zài zhèr xiàchē.
ウォー ツァイ チャー シャーチャー

ここで降ります。
I'm getting off here.

㊓ 请 告诉 我 在 哪儿
Qǐng gàosu wǒ zài nǎr
チン カオス ウォー ツァイ ナー
下车。
xiàchē.
シャーチャー

どこで降りたらいいのか教えてください。
Please tell me where to get off.

★ "告诉"〈gàosu カオス〉：教える、告げる。

㊔ 到 博物馆 有 多少
Dào bówùguǎn yǒu duōshao
タオ ポーウークアン ヨウ トゥオシャオ
站？
zhàn？
チャン

博物館までバス停はいくつありますか？
How many stops is it to the museum？

《電車、その他》 27

㊕ 售票处 在 哪儿？
Shòupiàochù zài nǎr？
ショウピャオチュー ツァイ ナー

切符売り場はどこですか？
Where is the ticket office？

㊖ 这 是 普通车。
Zhè shì pǔtōngchē.
チャー シー プートンチャー

これは普通列車です。
This is a local train.

㊳ **这 是 快车。**
Zhè shì kuàichē.
チャー シー クアイチャー

これは快速列車です。
This is a fast train.

㊴ **这 趟 火车 在 新宿 停 吗?**
Zhè tàng huǒchē zài Xīnsù tíng ma ?
チャー タン フオチャー ツァイ シンスー ティン マ

この電車は新宿に停まりますか？
Does this train stop at Shinjuku ?

★ "趟"〈tàng タン〉：列車を表す量詞です。

㊵ **这 趟 火车 去 目黑 吗?**
Zhè tàng huǒchē qù Mùhēi ma ?
チャー タン フオチャー チー ムーヘイ マ

この電車は目黒に行きますか？
Does this train go to Meguro ?

㊶ **我 骑 自行车 去 学校。**
Wǒ qí zìxíngchē qù xuéxiào.
ウォー チー ツーシンチャー チー シュエシャオ

私は自転車で学校へ行きます。
I go to school by bicycle.

★ "骑"〈qí チー〉：乗る、またがる。自転車、オートバイ、馬など、またいで乗るものに使います。

㊷ **我 开车 去 学校。**
Wǒ kāichē qù xuéxiào.
ウォー カイチャー チー シュエシャオ

私は自動車通学です。
I drive to school.

★ "开车"〈kāichē カイチャー〉：運転する。

㊳ 我　走着　去　学校。 私は歩いて学校へ行きます。
　　Wǒ　zǒuzhe　qù　xuéxiào. I walk to school.
　　ウォー　ツォウチャ　チー　シュエシャオ

17. 買い物の表現 🔘28

㊴ 欢迎　光临。 いらっしゃいませ。
　　Huānyíng guānglín. May I help you?
　　フアンイン クアンリン

★ "欢迎"〈huānyíng フアンイン〉：歓迎する。

★ "光临"〈guānglín クアンリン〉：ご降臨、ご来訪。

㊵ 请　给　我　看看　陶器。 陶器を見せてください。
　　Qǐng gěi wǒ kànkan táoqì. Please show me some pottery.
　　チン　ケイ　ウォー　カンカン　タオチー

㊶ 请　给　我　看看　筷子。 箸を見せてください。
　　Qǐng gěi wǒ kànkan kuàizi. Please show me some chopsticks.
　　チン　ケイ　ウォー　カンカン　クアイツ

㊷ 这　条　领带　多少　钱？ このネクタイはいくらですか？
　　Zhè tiáo lǐngdài duōshao qián? How much is this tie?
　　チャー ティヤオ リンタイ トゥオシャオ チエン

㊳ 这 件 T恤衫 多少 钱?
Zhè jiàn tīxùshān duōshao qián?
チャー チエン ティーシーシャン トゥオシャオ チエン

このTシャツはいくらですか？
How much is this T-shirt?

㊴ 你 知道 你 的 尺寸 吗?
Nǐ zhīdao nǐ de chǐcun ma?
ニー チータオ ニー ダ チーツン マ

サイズはわかりますか？
Do you know your size?

★ "尺寸" 〈chǐcun チーツン〉：サイズ

㊵ 你 的 尺寸 多少?
Nǐ de chǐcun duōshao?
ニー ダ チーツン トゥオシャオ

サイズはおいくつですか？
What size are you?

㊶ 我 不 知道 我 的 尺寸。
Wǒ bù zhīdao wǒ de chǐcun.
ウォー プー チータオ ウォー ダ チーツン

サイズはわかりません。
I don't know my size.

㊷ 我 可以 试 一 试 吗?
Wǒ kěyǐ shì yi shì ma?
ウォー カーイー シー イー シー マ

試着してもいいですか？
May I try it on?

㊸ 有 大 一点儿 的 吗?
Yǒu dà yìdiǎnr de ma?
ヨウ ター イーティアー ダ マ

もう少し大きいのはありますか？
Do you have a bigger one?

(389) 有 小 一点儿 的吗?
Yǒu xiǎo yìdiǎnr de ma ?
ヨウ シャオ イーティアー ダ マ
もう少し小さいのはありますか?
Do you have a smaller one ?

---

(390) 这个 有 黄色 的吗?
Zhège yǒu huángsè de ma ?
チャーガ ヨウ フアンサー ダ マ
これと同じので黄色のはありますか?
Do you have this in yellow ?

---

(391) 这个 有 黑色 的吗?
Zhège yǒu hēisè de ma ?
チャーガ ヨウ ヘイサー ダ マ
これと同じので黒いのはありますか?
Do you have this in black ?

---

(392) 这个 有 白色 的吗?
Zhège yǒu báisè de ma ?
チャーガ ヨウ パイサー ダ マ
これと同じので白いのはありますか?
Do you have this in white ?

---

(393) 这个 有 红色 的吗?
Zhège yǒu hóngsè de ma ?
チャーガ ヨウ ホンサー ダ マ
これと同じので赤いのはありますか?
Do you have this in red ?

---

(394) 这个 有 蓝色 的吗?
Zhège yǒu lánsè de ma ?
チャーガ ヨウ ランサー ダ マ
これと同じので青いのはありますか?
Do you have this in blue ?

---

(395) 这个 有 绿色 的吗?
Zhège yǒu lǜsè de ma ?
チャーガ ヨウ ルーサー ダ マ
これと同じので緑色のはありますか?
Do you have this in green ?

---

(396) 这个 有 灰色 的吗?
Zhège yǒu huīsè de ma ?
チャーガ ヨウ フイサー ダ マ
これと同じので灰色のはありますか?
Do you have this in gray ?

(397) 太 贵 了。
Tài guì le.
タイ クイ ラ

高すぎます。
It’s too expensive.

★ “太…了”〈tài…le タイ…ラ〉：あまりに…である。

(398) 便宜 一点儿 好 吗？
Piányi yìdiǎnr hǎo ma？
ピエンイ イーティアー ハオ マ

もう少し安くしてもらえますか？
Can you make it cheaper？

★ “便宜”〈piányi ピエンイ〉：値段が安い。

(399) 这个 多少 钱？
Zhège duōshao qián？
チャーガ トゥオシャオ チエン

これはいくらですか？
How much is this？

(400) 一共 多少 钱？
Yígòng duōshao qián？
イーコン トゥオシャオ チエン

全部でいくらですか？
How much is it all together？

(401) 我 要 付 多少 钱？
Wǒ yào fù duōshao qián？
ウォー ヤオ フー トゥオシャオ チエン

支払いはいくらになりますか？
How much do I owe you？

★ “要”〈yào ヤオ〉：（動詞の前に置かれて）…しなければならない。

★ “付”〈fù フー〉：（お金を）払う。

(402) 我 只是 看看。
Wǒ zhǐshì kànkan.
ウォー チーシー カンカン

見ているだけです。
I’m just looking.

★ “只是”〈zhǐshì チーシー〉：ただ…にすぎない。

⑬ 我 可以 不 可以 用
　Wǒ　kěyǐ　bu　kěyǐ　yòng
　ウォー　カーイー　プー　カーイー　ヨン
信用卡？
xìnyòngkǎ ?
シンヨンカー

クレジットカードは使えますか？

Can I use a credit card ?

18. 食事の表現 🔊29

《レストラン》

④ 我 预约 在 七 点 半。
　Wǒ　yùyuē　zài　qī　diǎn　bàn.
　ウォー　イーイエ　ツァイ　チー　ティエン　パン

7時半に予約してあります。

I have a reservation for 7:30.

⑤ 我　想　要　靠
　Wǒ　xiǎng　yào　kào
　ウォー　シャン　ヤオ　カオ
　窗户　的　坐位。
　chuānghu　de　zuòwèi.
　チュアンフ　ダ　ツオウェイ

窓際の席にしてください。

I'd like a table by the window.

★ "靠"〈kào カオ〉：接近する、近くにある

⑥ 请 跟 我 来。
　Qǐng gēn wǒ lái.
　チン ケン ウォー ライ

こちらへどうぞ。

This way, please.

⑰ **请 坐。**
Qǐng zuò.
チン ツオ

おかけください。
Please sit down.

⑱ **请 给 我 看看 菜单。**
Qǐng gěi wǒ kànkan càidān.
チン ケイ ウォー カンカン ツァイタン

メニューを見せてください。
Can I see the menu, please?

★ "看看"を使わないで、"请 给 我 菜单"(The menu, please)と言うこともできます。

⑲ **有 没 有 英文 菜单?**
Yǒu mei you Yīngwén càidān?
ヨウ メイ ヨウ インウェン ツァイタン

英語のメニューはありますか?
Do you have a menu in English?

★日本語のメニューなら"日本 菜单"〈Rìběn càidān リーペン ツァイタン〉です。

⑳ **小姐!**
Xiǎojie!
シャオチエ

おねえさん、ちょっとすみません。
Excuse me, miss.

★ "小姐"〈xiǎojie シャオチエ〉:おねえさん。若い女性に対する呼びかけのことばですから、ウェイトレスを呼ぶときに使えます。

⑪ **今天 的 特菜 是 什么？**
Jīntiān de tècài shì shénme?
チンティエン ダ ターツァイ シー シェンマ

今日のおすすめ料理は何ですか？
What's the special for today?

★ "特菜"〈tècài ターツァイ〉：特別メニュー。

⑫ **点 菜 吗？**
Diǎn cài ma?
ティエン ツァイ マ

ご注文はお決まりですか？
Are you ready to order?

★ "点"〈diǎn ティエン〉：指定する。

⑬ **你 想 吃 什么？**
Nǐ xiǎng chī shénme?
ニー シャン チー シェンマ

何が食べたいですか？
What would you like to have?

⑭ **我 想 要 北京烤鸭。**
Wǒ xiǎng yào Běijīngkǎoyā.
ウォー シャン ヤオ ペイチンカオヤー

私は北京ダックをもらいます。
I'd like Beijing roast duck.

★ "想"〈xiǎng シャン〉をいれたほうが、「…がいいのですが」という感じが出ます。もちろんストレートに、"我 要…"と言うこともできます。

英語では、"I want …"となりますが、どちらも主張のニュアンス（どうしても欲しい）が出てきます。

英中間では、"I'd like …"は"我 要…""我 想 要…"の両方に訳されています。

もちろん、"I'll have …"と訳しても構いません。

⑮ **我 想 要 宫保鸡丁。**
　Wǒ xiǎngyào gōngbǎojīdīng.
　ウォー シャン ヤオ コンパオチーティン

私は鶏肉のトウガラシ炒めをもらいます。

I'd like chicken with peppers.

---

⑯ **我 想 吃 蒜泥白肉。**
　Wǒ xiǎng chī suànníbáiròu.
　ウォー シャン チー スアンニーパイロウ

私は豚肉のガーリックソース炒めが食べたいです。

I'd like to have pork with garlic sauce.

---

⑰ **我 想 吃 虾仁 炒饭。**
　Wǒ xiǎng chī xiārén chǎofàn.
　ウォー シャン チー シャーレン チャオファン

私はエビチャーハンが食べたいです。

I'd like to have shrimp fried rice.

---

⑱ **你 想 喝 什么？**
　Nǐ xiǎng hē shénme?
　ニー シャン ハー シェンマ

あなたは何が飲みたいですか？

What would you like to drink?

---

⑲ **我 想 要 一 杯 葡萄酒。**
　Wǒ xiǎng yào yì bēi pútaojiǔ.
　ウォー シャン ヤオ イー ペイ プータオチュウ

ワインを一杯ください。

I'd like a glass of wine.

---

⑳ **我 也 一样。**
　Wǒ yě yíyàng.
　ウォー イエ イーヤン

私もです。

Me, too.

★ "**一样**"〈yíyàng イーヤン〉：同じである、違いがない。

㊶ **我 想 要 两 瓶**
Wǒ xiǎng yào liǎng píng
ウォー シャン ヤオ リャン ピン
啤酒。
píjiǔ.
ピーチュウ

ビールを2本ください。
I'd like two bottles of beer.

㊷ **干杯。**
Gānbēi.
カンペイ

乾杯。
Cheers.

㊸ **请 给 我 再 来**
Qǐng gěi wǒ zài lái
チン ケイ ウォー ツァイ ライ
一 杯 咖啡。
yì bēi kāfēi.
イー ペイ カーフェイ

もう一杯コーヒーいただけますか？
Can I have another cup of coffee?

★ "再"〈zài ツァイ〉：再び、もう一度。

★ "来"〈lái ライ〉：よこす。

㊹ **请 递 给 我 胡椒。**
Qǐng dì gěi wǒ hújiāo.
チン ティー ケイ ウォー フーチャオ

胡椒を取ってもらえますか？
Pass me the pepper, please.

★ "递"〈dì ティー〉：渡す。

㊺ **请 递 给 我 盐。**
Qǐng dì gěi wǒ yán.
チン ティー ケイ ウォー イエン

塩を取ってもらえますか？
Pass me the salt, please.

273

㊗ **请 递 给 我 糖。** 砂糖を取ってもらえますか？
Qǐng dì gěi wǒ táng. Pass me the sugar, please.
チン ティー ケイ ウォー タン

㊗ **这个 很 好吃。** これはおいしいです。
Zhège hěn hǎochī. This is delicious.
チャーガ ヘン ハオチー

★ "好吃"〈hǎochī ハオチー〉：おいしい。

　「まずい」は "不 好吃"〈bù hǎochī プー ハオチー〉です。

　「飲んでおいしい」は "好喝"〈hǎohē ハオハー〉です。

㊗ **这个 太 咸。** これはしょっぱすぎます。
Zhège tài xián. This is too salty.
チャーガ タイ シエン

★ "咸"〈xián シエン〉：塩辛い。

㊗ **这个 太 甜。** これは甘すぎます。
Zhège tài tián. This is too sweet.
チャーガ タイ ティエン

★ "甜"〈tián ティエン〉：甘い

㊗ **这个 太 辣。** これは辛すぎます。
Zhège tài là. This is too hot.
チャーガ タイ ラー

★ "辣"〈là ラー〉：辛い。

㊗ **这个 太 酸。** これはすっぱすぎます。
Zhège tài suān. This is too sour.
チャーガ タイ スアン

★ "酸"〈suān スアン〉：すっぱい。

㊷ **这个 太 苦。** これは苦すぎます。
Zhège tài kǔ. This is too bitter.
チャーガ タイ クー

★ "苦".〈kǔ クー〉：苦い。

㊸ **请 来 三 碟 春卷。** 春巻き3皿ください。
Qǐng lái sān dié chūnjuǎn. Three plates of spring
チン ライ サン ティエ チュンチュアン rolls, please.

㊹ **请 来 八 碟 饺子。** ギョウザ8皿ください。
Qǐng lái bā dié jiǎozi. Eight plates of dumplings,
チン ライ パー ティエ チャオツ please.

㊺ **请 来 十 碟 烧卖。** シューマイ10皿ください。
Qǐng lái shí dié shāomai. Ten plates of steamed
チン ライ シー ティエ シャオマイ pork dumplings, please.

㊻ **这 不 是 我 点 的 菜。** これは私が注文したもので
Zhè bú shì wǒ diǎn de cài. はありません。
チャー ブー シー ウォー ティエン ダ ツァイ This is not what I ordered.

㊼ **我 吃饱 了。** 満腹です。
Wǒ chībǎo le. I'm full.
ウォー チーパオ ラ

★ "饱"〈bǎo パオ〉腹いっぱいになる。

㊽ **请 把 帐单 给 我。** お勘定お願いします。
Qǐng bǎ zhàngdān gěi wǒ. May I have my bill?
チン パー チャンタン ケイ ウォー

★ "把"〈bǎ パー〉：目的語を前に置く把構文です。

★ "帐单"〈zhàngdān チャンタン〉：勘定書。

《ファーストフード店》 30

439 我 想 要 汉堡包。
Wǒ xiǎng yào hànbǎobāo.
ウォー シャン ヤオ ハンパオパオ

ハンバーガーをください。
I'd like a hamburger.

440 您 在 这儿 吃 吗?
Nín zài zhèr chī ma?
ニン ツァイ チャー チー マ

こちらでお召し上がりですか?
For here?

441 在 这儿 吃。
Zài zhèr chī.
ツァイ チャー チー

ここで食べます。
For here.

442 您 拿回去 吗?
Nín náhuíqù ma?
ニン ナーフイチー マ

お持ち帰りですか?
To go?

★ "拿"〈ná ナー〉:持つ、運ぶ。

★ "回去"〈huíqù フイチー〉:動詞のあとに置かれ動作の回帰を表します。

443 您 要 不 要 饮料?
Nín yào bu yào yǐnliào?
ニン ヤオ プー ヤオ インリャオ

お飲み物はどうされますか?
Anything to drink?

444 我 要 绿茶。
Wǒ yào lǜchá.
ウォー ヤオ ルーチャー

緑茶をもらいます。
I'll have some green tea.

㊟	**有没有 冰咖啡?** Yǒu mei you bīngkāfēi? ヨウ メイ ヨウ ピンカーフェイ	アイスコーヒーはありますか？ Do you have iced coffee?
㊐	**我要大可乐。** Wǒ yào dà kělè. ウォー ヤオ ター カーラー	コーラのLサイズをもらいます。 I'll have a large Coke.
㊓	**我要中可乐。** Wǒ yào zhōng kělè. ウォー ヤオ チョン カーラー	コーラのMサイズをもらいます。 I'll have a medium Coke.
㊔	**我要小可乐。** Wǒ yào xiǎo kělè. ウォー ヤオ シャオ カーラー	コーラのSサイズをもらいます。 I'll have a small Coke.

19. 電話の表現 🔊31

㊙	**喂。** Wèi. ウェイ	もしもし。 Hello.
㊚	**喂,是高木家吗?** Wèi, shì Gāomù jiā ma? ウェイ シー カオムー チャー マ	もしもし、高木さんのお宅ですか？ Hello. Is this the Takagi residence?

(451) 喂，是 上海 饭店 吗？
Wèi, shì Shànghǎi Fàndiàn ma ?
ウェイ シー シャンハイ ファンティエン マ

もしもし上海ホテルですか？

Hello. Is this the Shanghai Hotel ?

---

(452) 喂，夏美 在 吗？
Wèi, Xiàměi zài ma ?
ウェイ シャーメイ ツァイ マ

もしもし、夏美さんはいらっしゃいますか？

Hello. Is Natsumi there ?

★(453)、(454)、(455)で答え方を見てみましょう。

---

(453) 我 就 是。
Wǒ jiù shì.
ウォー チュウ シー

私です。

This is she.

★ "就"〈jiù チュウ〉：ほかでもなく。

★自分が電話を受けた時の表現です。自分が女性なら、"**she**"、男性なら"**he**"を使います。

---

(454) 她 在，请 等 一下。
Tā zài, qǐng děng yíxià.
ター ツァイ チン タン イーシャー

はい、いますよ。しばらくお待ちください。

Yes, hold on a minute, please.

★ "一下"〈yíxià イーシャー〉：（動詞のあとに置かれて）ちょっと…する。

---

(455) 她 不 在，出去 了。
Tā bú zài, chūqu le.
ター プー ツァイ チューチー ラ

いいえ、いません。でかけています。

No, she's out now.

㊋ 我 是 安倍。
Wǒ shì Ānbèi.
ウォー シー アンペイ

こちらは安倍です。
This is Abe speaking.

㊍ 喂, 我 是 安倍
Wèi, Wǒ shì Ānbèi
ウェイ ウォー シー アンペイ
夏美。
Xiàměi.
シャーメイ

もしもし。安倍夏美ですが。
Hello. This is Natsumi Abe.

㊎ 请 接 八三五 分机。
Qǐng jiē bāsānwǔ fēnjī.
チン チエ パーサンウー フェンチー

内線の835をお願いします。
Extension 835, please.

★ "接"〈jiē チエ〉：つなぐ。"转"〈zhuǎn チュアン〉という言い方もあります。

★ "分机"〈fēnjī フェンチー〉：内線。

㊏ 请 转 近藤 先生。
Qǐng zhuǎn Jìnténg xiānsheng.
チン チュアン チンタン シエンシャン

近藤さんにつないでください。
Please connect me with Mr.Kondo.

㊐ 我 找 山本 先生。
Wǒ zhǎo Shānběn xiānsheng.
ウォー チャオ シャンペン シエンシェン

山本さんをお願いします。
I'd like to speak with Mr.Yamamoto.

★ "找"〈zhǎo チャオ〉：探す、見つける。

㊑ 您 是 谁?
Nín shì shéi?
ニン シー シェイ

どちら様ですか？
Who's calling, please?

④⑥② **你 找 谁？**
Nǐ zhǎo shéi?
ニー チャオ シェイ

誰とお話しになりたいのですか？
Who are you calling?

★ "找" 〈zhǎo チャオ〉：探す、見つける。

④⑥③ **你的 电话 号码 是 多少？**
Nǐ de diànhuà hàomǎ shì duōshao?
ニー ダ ティエンフア ハオマー シー トゥオシャオ

あなたの電話番号は？
What's your phone number?

④⑥④ **我 的 电话 号码 是 一三〇 六五七四。**
Wǒ de diànhuà hàomǎ shì yāosānlíng liùwǔqīsì.
ウォー ダ ティエンフア ハオマー シー ヤオサンリン リュウウーチースー

私の電話番号は130-6574です。
My phone number is 130-6574.

★ 1は〈yī イー〉ではなく〈yāo ヤオ〉と読まれます。"7"〈qī チー〉と間違えないようにするためです。

④⑥⑤ **我 可以 用 你的 电话 吗？**
Wǒ kěyǐ yòng nǐ de diànhuà ma?
ウォー カーイー ヨン ニー ダ ティエンフア マ

電話を借りてもいいですか？
May I use your phone?

㊻ **我 想 打 个 长途**
Wǒ xiǎng dǎ ge chángtú
ウォー シャン ター ガ チャントゥー
电话。
diànhuà.
ティエンフア

長距離電話をかけたいのですが。

I'd like to make a long-distance call.

㊼ **我 想 打 个 国际**
Wǒ xiǎng dǎ ge guójì
ウォー シャン ター ガ クオチー
电话。
diànhuà.
ティエンフア

国際電話をかけたいのですが。

I'd like to make an international call.

㊽ **我 想 往 越南**
Wǒ xiǎng wǎng Yuènán
ウォー シャン ワン ユエナン
打 个 国际 电话。
dǎ ge guójì diànhuà.
ター ガ クオチー ティエンフア

ベトナムに国際電話をかけたいのですが。

I'd like to make an international call to Vietnam.

★ "往"〈wǎng ワン〉：…に向けて。

㊾ **我 想 打 个 对方**
Wǒ xiǎng dǎ ge duìfāng
ウォー シャン ター ガ トゥイフアン
付款 的 电话。
fùkuǎn de diànhuà.
フークアン ダ ティエンフア

コレクトコールをしたいのですが。

I'd like to place a collect call.

④⑦⓪ **请问，西安 的 地区**
Qǐngwèn, Xī'ān de dìqū
チンウェン シーアン ダ ティーチー
号 是 多少？
hào shì duōshao?
ハオ シー トゥオシャオ

すみませんが、西安の市外局番はいくつですか？

Excuse me. What's the area code for Xi'an?

★ "地区"〈dìqū ティーチー〉：地域、地区。

④⑦① **占线。**
Zhànxiàn.
チャンシエン

話し中です。

The line is busy.

④⑦② **对不起，我 打错 了。**
Duìbuqǐ, wǒ dǎcuò le.
トゥイプチー ウォー ターツオ ラ

すみません。かけ間違えました。

Sorry, I've dialed the wrong number.

★ "错"〈cuò ツオ〉：間違っている。動詞のあとに置かれ動詞を修飾する用法です。

20. 困った時の表現 🄫32

④⑦③ **我 迷路 了。**
Wǒ mílù le.
ウォー ミールー ラ

道に迷いました。

I'm lost.

- ★ "迷路"〈mílù ミールー〉:道に迷う。
- ★ 主語を"我们"にすれば「私たち」が道に迷ったということです。

㊹ 请问,去 最近 的 地铁站 怎么 走?
Qǐngwèn, qù zuìjìn de dìtiězhàn zěnme zǒu?
チンウェン チー ツイチン ダ ティーティエチャン ツェンマ ツォウ

すみません、最寄りの地下鉄の駅への行き方を教えてください。

Excuse me, how can I get to the nearest subway station?

- ★ "怎么"〈zěnme ツェンマ〉:どう、どのように。
- ★ "走"〈zǒu ツォウ〉:行く、進む。

㊺ 请 告诉 我 到 六本木 怎么 走。
Qǐng gàosu wǒ dào Liùběnmù zěnme zǒu.
チン カオス ウォー タオ リュウペンムー ツェンマ ツォウ

六本木への行き方を教えてください。

Please tell me how to get to Roppongi.

㊻ 请 告诉 我 去 六本木 的 路。
Qǐng gàosu wǒ qù Liùběnmù de lù.
チン カオス ウォー チー リュウペンムー ダ ルー

六本木へ行く道を教えてください。

Please tell me the way to Roppongi.

�477 **对不起，男 厕所 在 哪儿？**
Duìbuqǐ, nán cèsuǒ zài nǎr?
トゥイプチー ナン ツァースオ ツァイ ナー

すみません、男性用トイレはどこですか？
Excuse me, where's the men's room?

㊄478 **对不起，女 厕所 在 哪儿？**
Duìbuqǐ, nǚ cèsuǒ zài nǎr?
トゥイプチー ニー ツァースオ ツァイ ナー

すみません、女性用トイレはどこですか？
Excuse me, where's the ladies' room?

㊄479 **小心！**
Xiǎoxīn!
シャオシン

気をつけろ！
Watch out!

★ "小心"〈xiǎoxīn シャオシン〉：注意する、気をつける。

㊄480 **救命！**
Jiùmìng!
チュウミン

助けて！
Help me!

㊄481 **请 叫 警察！**
Qǐng jiào jǐngchá!
チン チャオ チンチャー

警察を呼んでください。
Please call the police.

㊄482 **请 叫 救护车！**
Qǐng jiào jiùhùchē!
チン チャオ チュウフーチャー

救急車を呼んでください。
Please call an ambulance.

(483) 请　叫　医生！
Qǐng jiào yīshēng！
チン　チャオ イーシェン

医者を呼んでください。
Please call a doctor.

---

(484) 请　叫　律师！
Qǐng jiào lǜshī！
チン　チャオ ルーシー

弁護士を呼んでください。
Please call a lawyer.

---

(485) 我们　需要　医生。
Wǒmen xūyào yīshēng.
ウォーメン シーヤオ イーシェン

医者が必要です。
We need a doctor.

---

(486) 紧急　情况！
Jǐnjí qíngkuàng！
チンチー チンクアン

緊急事態です。
This is an emergency！

---

(487) 请 带 我 去 公安局。
Qǐng dài wǒ qù gōng'ānjú.
チン　タイ ウォー チー コンアンチュー

警察へ連れて行ってください。
Please take me to the police station.

---

(488) 请　带　我　去　医院。
Qǐng dài wǒ qù yīyuàn.
チン　タイ ウォー チー イーユアン

病院へ連れて行ってください。
Please take me to the hospital.

---

(489) 请　带　我　去　日本大使馆。
Qǐng dài wǒ qù Rìběn dàshǐguǎn.
チン タイ ウォー チー リーペン ターシークアン

日本大使館へ連れて行ってください。
Please take me to the Japanese Embassy.

(490) 抓住　他！
Zhuāzhù　tā！
チュアーチュー ター

あいつを捕まえて！
Stop him！

★ “抓住”〈zhuāzhù チュアーチュー〉：捕まえる、捕らえる。

(491) 他 偷了 我 的 护照。
Tā tōule wǒ de hùzhào.
ター トウラ ウォー ダ フーチャオ

あいつが私のパスポートを盗んだのです。
He stole my passport.

★ “偷”〈tōu トウ〉：盗む。

(492) 他 偷了 我 的
Tā tōule wǒ de
ター トウラ ウォー ダ
旅行支票。
lǚxíngzhīpiào.
ルーシンチーピャオ

あいつが私のトラベラーズチェックを盗んだのです。
He stole my traveler's checks.

(493) 他们 偷了 我 的
Tāmen tōule wǒ de
ターメン トウラ ウォー ダ
手提箱。
shǒutíxiāng.
ショウティーシャン

あいつらが私のスーツケースを盗んだのです。
They stole my suitcase.

(494) 他们 偷了 我 的
Tāmen tōule wǒ de
ターメン トウラ ウォー ダ
电脑。
diànnǎo.
ティエンナオ

あいつらが私のパソコンを盗んだのです。
They stole my personal computer.

(495) 有 人 偷了 我 的 照相机。
Yǒu rén tōule wǒ de zhàoxiàngjī.
ヨウ レン トウラ ウォー ダ チャオシャンチー

誰かが私のカメラを盗みました。
Someone stole my camera.

(496) 有 人 偷了 我 的 手表。
Yǒu rén tōule wǒ de shǒubiǎo.
ヨウ レン トウラ ウォー ダ ショウピャオ

誰かが私の腕時計を盗みました。
Someone stole my watch.

(497) 我 丢了 护照。
Wǒ diūle hùzhào.
ウオー テューラ フーチャオ

パスポートをなくしました。
I've lost my passport.

(498) 我 丢了 钱包。
Wǒ diūle qiánbāo.
ウォー テューラ チエンパオ

財布をなくしました。
I've lost my wallet.

(499) 我 不 会 说 中国话。
Wǒ bú huì shuō Zhōngguóhuà.
ウォー プー フイ シュオー チョングオフア

中国語は話せません。
I can't speak Chinese.

⑤⓪⓪ **这里 有 人 会 说**
Zhèli yǒu rén huì shuō
チャーリ ヨウ レン フイ シュオー

日本话 吗?
Rìběnhuà ma ?
リーペンフア マ

こちらには日本語が話せる人はいますか？

Is there someone here who can speak Japanese ?

著者略歴

船田　秀佳（ふなだ　しゅうけい）
1956年岐阜県生まれ。
東京外国語大学外国語学部中国語学科卒業。
カリフォルニア州立大学大学院言語学科修了。
東京外国語大学大学院地域研究研究科修了。
現在、名城大学教授。岐阜大学講師。
主要著書・論文
『英語がわかれば中国語はできる』（駿河台出版社）
『２週間ですぐに話せる中国語』（駿河台出版社）
『英語感覚の磨き方』（鷹書房弓プレス）
Drills for Listening and Dictation Ⅰ,Ⅱ（鷹書房弓プレス）
Useful Dialogs for Students（鷹書房弓プレス）
10-Minute Grammar Drills for the TOEIC® Test（英潮社）
Work Sheets for Compact English Grammar（北星堂）
"Japanese Philosophy and General Semantics"
(*ETC: A Review of General Semantics, U.S.A.*)
"Homological Aspects of Language and Logic in
Intercultural Communication" (*General Semantics Bulletin, U.S.A.*)

中学英語でペラペラ中国語

2004.7.30　初版発行
2012.5.30　4刷発行

　　　著　者　　船　田　秀　佳
　　　発行所　　株式会社　駿河台出版社
　　　発行者　　井　田　洋　二
　　　　　　　　〒101-0062　東京都千代田区神田駿河台3丁目7番地
　　　　　　　　電話　東京03（3291）1676（代）番
　　　　　　　　振替　00190-3-56669番　FAX03（3291）1675番
　　　　　　　　E-mail : edit@e-surugadai.com
　　　　　　　　URL : http://www.e-surugadai.com

製版　㈱フォレスト

ISBN978-4-411-03007-8　C1087　¥2300E